«Sam Allberry expone algun[a] [...] cientes sobre la soltería y e[...] respecto a la vida de soltero. [...] utiliza la Biblia para desma[...] embargo, sería un gran error que pensáramos que se trata de un libro para solteros solamente. Si Sam tiene razón (y la tiene), toda la iglesia debe entender la enseñanza bíblica sobre este tema. La congregación local no tiene que ser meramente una red holgada de familias, sino una familia muy unida en sí misma, que conste de parejas casadas y de solteros, todos juntos como hermanos y hermanas. Este libro nos mostrará cómo hacerlo».

Timothy J. Keller, pastor emérito, Iglesia Presbiteriana Redeemer, ciudad de Nueva York

«*Siete mitos sobre la soltería* ofrece una perspectiva refrescante y bíblica sobre un tema que a menudo se pasa por alto. Allberry escribe para quitar el estigma de la idea de la soltería y ayudar al cristiano a pensar de manera bíblica sobre el llamado a los solteros dentro del cuerpo de Cristo. Este recurso oportuno será sumamente beneficioso para la iglesia».

Russell D. Moore, presidente, Comisión de Ética y Libertad Religiosa de la Convención Bautista del Sur

«*Siete mitos sobre la soltería* hace que la gloria de Jesús, un hombre soltero, sea más evidente de maneras que nos resulten útiles a todos. Sam Allberry nos abre los ojos para ver cómo podemos entendernos mejor a nosotros mismos y unos a otros, cómo podemos administrar mejor nuestra vida de casados o de solteros, y en especial, cómo podemos dejar de ir en pos de mitos que nos rompen el corazón. Lo hace mostrándonos más de Jesús donde puede ser difícil encontrarlo: en la vida real que estamos viviendo. Así que este hombre casado se encontró dando vuelta a estas páginas y pensando: "*Yo* necesito esto. ¡Esto me ayuda a *mí*!". Creo que también será de ayuda para ti».

Ray Ortlund, pastor principal, Iglesia Immanuel, Nashville, Tennessee

«Demasiadas veces, la iglesia considera que los cristianos solteros son personas que necesitan una mejora, o que les arreglen una cita con alguien. Sam Allberry proporciona guía pastoral para corregir esto y ayudar a la iglesia a vivir como la familia de Dios. ¡Doy gracias a Dios por Sam Allberry y por su nuevo libro!».

Rosaria Butterfield, exprofesora de lengua inglesa, Universidad Syracuse; escritora, *The Gospel Comes with a House Key* [El evangelio viene con la llave de una casa]

7 mitos
sobre la
soltería

Sam Allberry

ESPAÑOL
NASHVILLE, TENNESSEE

Siete mitos sobre la soltería

Copyright © 2020 por Sam Allberry
Todos los derechos reservados.
Derechos internacionales registrados.

B&H Publishing Group
Nashville, TN 37234

Clasificación Decimal Dewey: 230
Clasifíquese: RELIGION/VIDA CRISTIANA/GENERAL

Publicado originalmente por Crossway con el título 7 *Myths of Singleness* ©
2014 por Sam Allberry.

Toda dirección de Internet contenida en este libro se ofrece solo como un
recurso. No intentan condonar ni implican un respaldo por parte de B&H
Publishing Group. Además, B&H no respalda el contenido de estos sitios.

A menos que se indique otra cosa, las citas bíblicas marcadas RVR1960 se
tomaron de la versión Reina-Valera 1960 ®© 1960 por Sociedades Bíblicas
en América Latina; © renovado 1988 Sociedades Bíblicas Unidas. Usadas con
permiso. Reina-Valera 1960 ® es una marca registrada de las Sociedades Bíblicas
Unidas y puede ser usada solo bajo licencia. Las citas bíblicas marcadas NVI se
tomaron de La Santa Biblia, Nueva Versión Internacional®, © 1999 por Biblica,
Inc. ®. Usadas con permiso. Todos los derechos reservados.Las citas bíblicas
marcadas LBLA se tomaron de LA BIBLIA DE LAS AMÉRICAS, © 1986, 1995,
1997 por The Lockman Foundation. Usadas con permiso. Las citas bíblicas
marcadas NTV se tomaron de la Santa Biblia, Nueva Traducción Viviente,
© Tyndale House Foundation, 2010. Usado con permiso de Tyndale House
Publishers, Inc., 351 Executive Dr., Carol Stream, IL 60188, Estados Unidos de
América. Todos los derechos reservados.

ISBN: 978-1-5359-9709-6

Impreso en EE. UU.
1 2 3 4 5 * 23 22 21 20

Para Brian y Leslie Roe,
Daniel y Sarah Roe,
Dan y April DeWitt,
Tim y Kathy Keller, y
Ray y Jani Ortlund,
con gratitud por darme una llave,
por hacerme parte de su familia
y por darme un hogar fuera de mi casa.

Contenido

Introducción

Resulta ser que hay muchas cosas que no sabemos tan bien como pensábamos.

Uno de los programas de comedia más populares en el Reino Unido es *QI* (una manera abreviada en inglés para «Muy interesante»). Cada semana, a los panelistas se les presentan datos interesantes y poco conocidos para debatir. Parte del programa se dedica a la «ignorancia general», cuestiones que se dan por sentadas pero que en realidad no son ciertas. A fin de cuentas, parece ser que no tienes dos orificios nasales sino cuatro (hay dos que no puedes ver). El Monte Everest no es el más elevado del mundo (es el más alto, pero no el más elevado). El rey Enrique VIII no tuvo seis esposas (es complicado). La tierra, según parece, no tiene solo una luna (hay toda clase de cosas no hechas por humanos flotando por ahí, que técnicamente, cuentan como lunas).[1] Y la lista sigue. A menudo, sabemos mucho menos de lo que pensamos.

Esto no solo es cierto sobre las montañas, las lunas, los reyes y las fosas nasales, sino también sobre la soltería. Gran parte de lo que solemos suponer que es cierto sobre la soltería es directamente mentira o, al menos, no debería ser cierto. Casi todas estas cosas son cuestiones negativas sobre la soltería, como ya veremos. En gran parte de nuestra manera de pensar, la soltería, si no es directamente *mala*, al menos no se la percibe como buena. Un escritor observó la diferencia entre los libros cristianos sobre el matrimonio y los que tratan sobre la soltería.[2] En los libros sobre el matrimonio, se pinta al matrimonio como algo maravilloso, y lo único que queda es comprenderlo mejor y quizás tomar conciencia de uno o dos posibles escollos que pueden surgir. Sin embargo, los libros sobre soltería suelen tener otro punto de partida. Se supone que la soltería es algo terrible; entonces, el libro se propone ver si a duras penas se puede sacar algo tolerable de esta situación.

Esto incluso se refleja en la manera de describir la soltería. Casi siempre se define con términos negativos, como la ausencia de algo. Es el estado de no estar casado. Es la ausencia de tu media naranja. Esta definición por negación refuerza la idea de que la soltería no tiene nada intrínsecamente bueno; es apenas una falta de lo que es intrínsecamente bueno en el matrimonio.

A menudo, veo esto cuando la gente tiene alguna clase de conversación introductoria. Cuando alguien pregunta: «¿Estás casado?», o «¿tienes familia?» y respondemos de manera afirmativa, la persona se muestra complacida y se genera toda una nueva conversación sobre cómo conociste a tu cónyuge o sobre la edad de tus hijos. Pero cuando la respuesta es negativa, la gente no suele saber qué hacer al respecto, y la conversación se frena en seco. El matrimonio es una intersección conversacional, con toda clase de avenidas interesantes para el debate. La soltería se parece más a un *cul-de-sac*, que requiere una maniobra incómoda para salir de ahí. Vale la pena señalar a qué nos referimos con «soltería», ya que esto será importante para nuestro diálogo. Desde el punto de vista del cristianismo, ser soltero significa no estar casado *y* estar comprometido (durante todo el tiempo que uno permanezca sin casarse) con la abstinencia sexual. La Biblia deja en claro que el sexo fuera del matrimonio es pecado, algo que Jesús subrayó en Sus enseñanzas. Ser soltero implica abstenerse de toda conducta sexual. Si eres soltero a largo plazo, como cristiano, significa que debes practicar la abstinencia sexual a largo plazo.

Esto se diferencia completamente de la cultura secular predominante que nos rodea, la cual sostiene que ser soltero supone lo primero (no estar casado) pero no lo segundo (la abstinencia sexual). Y como al matrimonio se lo suele ver como una restricción en muchos sentidos, ser soltero en el contexto secular se puede considerar una ventaja positiva. Tienes la libertad de encontrar satisfacción sexual sin ninguno de los compromisos que conlleva el matrimonio. Eres libre para ser como el picaflor y probar todo lo que creas que te hará feliz. Una prominente reportera y locutora británica, Mariella Frostrup, describió la soltería como: «solvencia, sexo excelente y una vida libre de culpa».[3]

Así que, la soltería puede ser muy distinta para el cristiano de lo que es para un no cristiano. Entonces, no es de extrañarse que tanta gente considere las nociones cristianas del celibato y la castidad como algo nada atractivo. Recién me di cuenta, al escribir las palabras «celibato» y «castidad», cuán anticuadas parecen. Suenan como algo que pertenece a un programa como *Downton Abbey*, más que a la vida contemporánea. Sospecho que hay una razón muy sencilla para esto: hoy no hay ninguna noción contemporánea equivalente, así que tan solo podemos tomar palabras de generaciones pasadas para describirlo. Francamente, el celibato es algo extraño para la mayoría de las personas hoy en día. Incluso dañino. Entonces, con este telón de fondo cultural, no es ninguna sorpresa encontrar a tantas personas dentro de la iglesia que piensan de manera similar.

Aquí es donde aparece rápidamente la «ignorancia general». Enrique VIII no tuvo seis esposas en realidad. Y la soltería no es algo malo en realidad. En la Biblia, es bueno. Incluso se describe como una bendición. Es en sí misma un regalo maravilloso de Dios, que debería afirmarse y celebrarse. Sigue leyendo, y espero que descubras por qué.

La mayoría de lo que creemos saber en realidad no es cierto. Y el punto de este libro es que lo bueno de la soltería es algo que toda la iglesia necesita saber. Sin duda, los solteros deben tenerlo en claro, pero también todos los demás. La enseñanza bíblica sobre la soltería se le da a todo el pueblo de Dios.

El argumento más largo y exhaustivo sobre la soltería aparece en 1 Corintios 7, y a primera vista, parece contradecir lo que acabo de exponer. Mientras Pablo nos lleva por todo lo relacionado con el matrimonio y la soltería, se dirige a distintas partes de su audiencia y les habla directamente: «A los solteros y a las viudas les digo...» (v. 8); «A los casados les doy la siguiente orden...» (v. 10); «A los demás les digo yo...» (v. 12). Pero lo importante es lo siguiente: incluso cuando Pablo le habla a cada uno de estos grupos de manera específica, quiere y espera que toda la iglesia escuche. Yo no soy viudo (y nunca podría serlo). Sin embargo, la Escritura dirigida a ellos también es para mí. No puedo pasarla por alto. De manera similar, aunque no soy padre, los pasajes dirigidos a los padres siguen siendo la Palabra de Dios para mí. Lo mismo sucede con las Escrituras sobre la soltería, incluso cuando están dirigidas a los solteros. La Palabra de Dios a los solteros sobre la soltería es algo que tú necesitas saber, no importa en qué etapa de la vida te encuentres ni cuál sea tu estado civil. Hay dos razones.

Primero, la mayoría de los que están casados un día volverán a ser solteros. Si estamos casados, no nos gusta pensar en esta realidad. Pero piénsalo. Es raro que una pareja casada muera al mismo tiempo. Mientras escribo esto, hace casi 24 años que falleció mi abuela. Nuestra familia quedó devastada, en especial su esposo, mi abuelo «Pop». Ninguno de nosotros estaba seguro de cómo le haría frente a esta realidad, incluso con una familia grande y amorosa que lo apoyaba. Sin embargo, ha tenido que experimentar la soltería durante décadas desde que ella murió. A mi abuelo no le falta mucho para pasar más tiempo de su vida como soltero que como casado, y eso es mucho decir, dado que estuvo casado más de 50 años (le faltan apenas unos meses para cumplir 100 años).

El duelo hará que muchos que ahora están casados regresen a la soltería. Es algo aleccionador y triste de pensar, pero es necesario. Sumémosle a eso la cantidad de matrimonios que terminarán en divorcio, y la proporción de los que volverán a ser solteros aumenta aún más. Un anillo en nuestro dedo hoy no es garantía de que no nos encontremos solteros en el futuro. Es mejor pensar desde ahora con cuidado y de manera bíblica sobre la soltería.

Segundo, la soltería nos afecta de manera directa a todos. La Biblia le habla repetidas veces a la iglesia local como un cuerpo, lo cual significa que no somos libres de ir y venir sin ninguna obligación. No, Pablo nos dice: «Pues, así como cada uno de nosotros tiene un solo cuerpo con muchos miembros, y no todos estos miembros desempeñan la misma función, también nosotros, siendo muchos, formamos un solo cuerpo en Cristo, y cada miembro está unido a todos los demás» (Rom. 12:4-5). Somos un cuerpo. Nos pertenecemos los unos a los otros. Lo que le afecta a una parte nos afecta a todos. Si algunos tienen problemas, nos duele a todos. Como estamos unidos, tengo que saber cómo es la vida cristiana para alguien en tu situación, y tú necesitas saber cómo es para alguien en la mía.

Esto se aplica a mucho más que a meros temas del matrimonio y la soltería. Pero me muestra que, como soltero, tengo un interés personal en la salud de los matrimonios de mi familia de la iglesia. Y los que están casados tienen un interés personal en la salud de mi soltería. Es parte de lo que significa pertenecernos los unos a los otros. Y cuando pensamos en la proporción de nuestra iglesia local que tal vez sea soltera, se hace más urgente que todos estemos de acuerdo, hablemos de lo mismo y nos dirijamos en la misma dirección. Es importante para toda la iglesia, para solteros y casados, entender la visión positiva que da la Biblia sobre la soltería.

Pero para eso, es necesario revocar algunas ideas falsas muy comunes.

1

La soltería es demasiado difícil

En la cultura más amplia, la soltería (como ya observamos) no es un problema en sí misma. Pero el *celibato* sí lo es. Está bien no haberse casado. Incluso puede ser algo bueno... no tienes ningún compromiso y eres libre de ir adonde quieras (aunque confieso que no estoy seguro de qué significa esto). Sin embargo, verse privado de la intimidad sexual o romántica es otra cosa.

Hay dos películas recientes que destacan esto.[1] Tomemos la comedia de Steve Carell, *The 40-Year-Old Virgin* [Virgen a los 40]. La premisa detrás del filme es que ser virgen a los 40 años de edad es algo absolutamente ridículo. Las personas se horrorizan cuando se enteran. Algunos tratan al protagonista como si fuera un niño. Después de todo, todavía no ha madurado como se debe. Y por supuesto, el final feliz de la película es que por fin pierde su virginidad. Aunque se exagera el impacto que esto tiene sobre él, el punto es real: ahora, tiene acceso a una de las cuestiones claves de la vida.

Otro ejemplo es la película *Forty Days and Forty Nights* [Cuarenta días y cuarenta noches]. El eslogan lo dice todo: «Abstinencia sexual durante... 40 días y 40 noches... No va a ser fácil». Piénsalo un momento. Cuarenta días y cuarenta noches no es ni una cantidad arbitraria de tiempo ni una manera arbitraria de describirlo. En los relatos de los Evangelios, Jesús estuvo en el desierto «cuarenta días y cuarenta noches» (Mat. 4:2). Los cristianos que cumplen la cuaresma suelen dejar algo de lado durante el mismo período de tiempo. Cuarenta días y cuarenta noches se ha transformado en la unidad estándar para aquellos que quieren tomarse en serio la privación de algo. Estamos dispuestos a pasar ese tiempo sin chocolate o carbohidratos, sin medios sociales o televisión. Pero ¿pasar todo ese tiempo sin sexo? *Impensable*. Acabo de calcular que yo ya cumplí un equivalente de ese tiempo más de 200 veces. Una vez es impensable. ¿Y más de 200 veces? Bueno, soy algo *totalmente* fuera de serie. Escuché a alguien que describía a los célibes a largo plazo (como yo) como unicornios: alguna vez escuchaste sobre ellos, pero nunca te imaginarías encontrarte con uno.

Detrás de la comedia de tales películas hay una convicción seria, una que se ha extendido por todo el mundo occidental: sin sexo, es imposible experimentar en realidad lo que significa ser plenamente humano. Según esta forma de pensar, nuestro sentido de humanidad está directamente conectado con nuestra vida sexual. Ignorar este lado de nosotros y no expresarlo y satisfacerlo de manera deliberada implica hacernos un daño. Es un aspecto fundamental de nuestra humanidad, y no es saludable reprimirlo. Los solteros a largo plazo no somos tan solo pintorescos y anticuados; quizás incluso seamos unos ilusos. Tenemos algún problema grave.

Decidir vivir de esta manera ya es lo suficientemente cuestionable, pero hay una aversión particular hacia aquellos que, en nombre de la religión, lo requieren de las demás personas. Hoy en día, se considera que llamar a otros a vivir en abstinencia sexual fuera del matrimonio es algo innecesario y cruel. A los que quieren defender la enseñanza bíblica sobre la ética sexual se los critica por «imponerles el celibato» a otros y, al hacerlo, provocar un daño considerable.

Todo esto significa que debemos tener bien en claro lo que la Biblia enseña en realidad sobre estas cosas.

Qué dijo Jesús sobre el sexo y el matrimonio

Uno de los mitos imperantes hoy en día es que Jesús era tolerante en cuanto a la ética sexual. La gente suele pensar que, por supuesto, el Antiguo Testamento tenía algunas cosas estrictas para decir sobre el matrimonio y la sexualidad, y evidentemente Pablo se había levantado con el pie izquierdo cuando escribió algunas de sus cartas, pero Jesús era mucho más relajado al respecto y no parecía estar tan obsesionado con estas cosas como se les acusa de estarlo a Sus seguidores de hoy.

Sin embargo, está mal sugerir que Jesús no dijo nada desafiante sobre el sexo. Es más, tomó la ética sexual amplia del Antiguo Testamento y la intensificó. Primero, Jesús definió el sexo fuera del matrimonio como pecado:

> Jesús dijo: «Porque del corazón salen los malos pensamientos, los homicidios, los adulterios, la inmoralidad sexual, los robos, los falsos testimonios y las calumnias. Estas son las cosas que contaminan a la persona» (Mat. 15:19-20).

Lo que Jesús está diciendo es que es demasiado posible contaminarse y ser espiritualmente inaceptable para Dios. Los fariseos con los que estaba hablando creían que la contaminación era como contraer un resfrío: siempre y cuando evitaras el contacto con las personas y los lugares infectados, podías permanecer sano. Así que se esforzaban por cumplir con las limpiezas ceremoniales y permanecían alejados de las personas que consideraban espiritualmente impuras. Pero Jesús les muestra que la contaminación no es fundamentalmente algo externo, sino interno. No es algo que está afuera de nosotros y que tenemos que evitar, sino que está dentro de nosotros y lo tenemos que reconocer: viene *del corazón*. Diversas actitudes y conductas lo reflejan, y Jesús da algunos ejemplos: los malos pensamientos, el homicidio, el adulterio, la inmoralidad sexual, el robo, el falso testimonio y la calumnia.

Esta no es una lista exhaustiva sino representativa. Y en el medio, vemos la frase «la inmoralidad sexual». Lo que Mateo escribió originalmente fue la palabra griega *porneía*. Si esa palabra te suena familiar, es porque de ella obtenemos la palabra *pornografía*. En la época de Jesús, *porneía* se refería a toda conducta sexual fuera del matrimonio. Incluía el sexo prematrimonial, la prostitución, el adulterio (el cual Jesús también enumera en forma separada) y la conducta homosexual. Según Jesús, esta clase de actividad sexual nos contamina. No es la única conducta que lo hace (tal como indica el resto de la lista), pero es una de las cosas. El sexo fuera del matrimonio es un pecado. En otras palabras, lo que sospecho que es la gran mayoría de la conducta sexual en nuestra cultura de hoy, Jesús la considera moralmente incorrecta. Según parece, no es tan tolerante en el ámbito sexual.

Sin embargo, la enseñanza de Jesús es incluso más polémica. En Su famoso Sermón del Monte, Jesús incluyó estas palabras:

> Ustedes han oído que se dijo: «No cometas adulterio». Pero yo les digo que cualquiera que mira a una mujer y la codicia ya ha cometido adulterio con ella en el corazón (Mat. 5:27-28).

En esta sección del Sermón del Monte, Jesús contrasta las tradiciones de los maestros religiosos de la época con la actitud del corazón que Dios quería que Sus leyes fomentaran y que Su pueblo tuviera. Al parecer, era común enseñar la ley fundamentalmente en términos de cuestiones externas, así que Jesús muestra que la intención siempre fue ir mucho más profundo. Según Él, no es suficiente abstenerse de cometer adulterio físico.

Lo que Dios requiere son intenciones honorables y una actitud piadosa. No se trata solo de lo que *hacemos* (o de aquello que nos proponemos no hacer), sino de lo que *pensamos*. Jesús no toma la ley del Antiguo Testamento y es indulgente con Sus oyentes; la lleva un paso más allá.

Hay otro pasaje que refleja esto mismo:

> Algunos fariseos se le acercaron y, para ponerlo a prueba, le preguntaron: —¿Está permitido que un hombre se divorcie de su esposa por cualquier motivo? —¿No han leído —replicó Jesús— que en el principio el Creador «los hizo hombre y mujer», y dijo: «Por eso dejará el hombre a su padre y a su madre, y se unirá a su esposa, y los dos llegarán a ser un solo cuerpo»? Así que ya no son dos, sino uno solo. Por tanto, lo que Dios ha unido, que no lo separe el hombre (Mat. 19:3-6).

A Jesús le preguntaron sobre el divorcio, pero Su respuesta no habla de eso. En cambio, se refiere al matrimonio. Para hacerlo, Jesús vuelve a Génesis 1 y 2. Cuando dice: «En el principio el Creador *los hizo hombre y mujer*», se refiere a Génesis 1:27. Después, cita directamente Génesis 2:24: «Por eso dejará el hombre...». Pero Jesús deja bien en claro que, al hacer referencia a estos capítulos tempranos de la Escritura, no está meramente buscando sabiduría de los antiguos. Observa que «el Creador» es el que dice: «Por eso dejará el hombre a su padre y a su madre, y se unirá a su esposa, y los dos llegarán a ser un solo cuerpo». El Creador mismo es el que proporciona esta exégesis del matrimonio. Por lo tanto, lo que vemos aquí es el diseño del Creador para la sexualidad humana. No es la mejor sabiduría humana; es el diseño de nuestro Hacedor para nosotros.

Ese diseño muestra claramente que la plantilla divina para el matrimonio es un hombre y una mujer para toda la vida. Esto, según Jesús nos muestra, es la única unión que habilita a dos personas a transformarse en «un solo cuerpo». No es algo diseñado para deshacerse o revertirse. Y cuando Jesús continúa explayándose al respecto, y surgen las repercusiones sobre la manera de abordar el divorcio, los discípulos responden de una manera reveladora:

—Si tal es la situación entre esposo y esposa —comentaron los discípulos—, es mejor no casarse (Mat. 19:10).

Es reveladora por una razón muy sencilla. He leído estas palabras cientos de veces a través de los años, pero recién hace poco observé que, cuando Jesús habla de lo que es el matrimonio, en realidad le *quita las ganas* de casarse a la gente. Los discípulos se dieron cuenta de lo serio que era el matrimonio. *Tal vez lo mejor sea no meterse en eso,* pensaron. Demasiado compromiso. Su reacción es comprensible, pero me hizo pensar. Uno de los beneficios de ser pastor es que tengo el placer de predicar en bodas bastante a menudo. Sin embargo, nunca se me acercó alguien después de que prediqué sobre lo que significa el matrimonio y me dijo: «Tal vez lo mejor sea no casarse». Esto me lleva a preguntarme si realmente habré estado enseñando la visión *de Jesús* sobre el matrimonio. Él no tiene un estándar fácil en lo que se refiere al sexo y el matrimonio.

La respuesta de Jesús parece subrayar esto:

—No todos pueden comprender este asunto —respondió Jesús—, sino solo aquellos a quienes se les ha concedido entenderlo (Mat. 19:11).

Entre los eruditos, hay un debate respecto a si «este asunto» se refiere a todo lo que Jesús había estado enseñando o a lo que los discípulos acababan de decir en respuesta a Su enseñanza. Si se refiere a lo primero, Jesús destaca que la norma cristiana para el matrimonio no será para todos; de ahí lo que dice a continuación sobre una vida de celibato como alternativa. Si Jesús se refería a lo segundo —al comentario de los discípulos de que lo mejor era no casarse—, lo que está diciendo es que no todos podrán seguir el camino de vida que recomiendan, aunque algunos sí podrán, y de ahí el comentario sobre los eunucos. En el primer caso, la visión cristiana del matrimonio es lo que será difícil de aceptar; en el segundo caso, la visión cristiana de la soltería es lo que será difícil de aceptar.

En cierto sentido, no hay demasiada diferencia. La realidad es que el matrimonio puede ser difícil, y la soltería también. Cada cosa trae sus propios desafíos. Ninguna de las dos opciones es fácil, y los desafíos del matrimonio son bien distintos a los desafíos de la soltería. Sin embargo, sugiero que Jesús se refería a lo que acababa de enseñar. Es una palabra que a muchos les cuesta escuchar y recibir.[2]

Si los discípulos esperaban que la fuerza de su reacción hiciera que Jesús les diera alguna respuesta ambigua, Su respuesta seguramente fue una cachetada. Jesús no ablanda Su postura. En forma tácita, concuerda con lo que dicen sobre el matrimonio.[3] Es difícil. Entonces, ¿cuál es la respuesta? Curiosamente, no es el concubinato.

Es el celibato.

Jesús sigue diciendo:
Pues algunos son eunucos porque nacieron así; a otros los hicieron así los hombres; y otros se han hecho así por causa del reino de los cielos (Mat. 19:12a).

Los eunucos eran hombres célibes en la época de Jesús; en particular, aquellos que habían sido castrados. Jesús muestra que algunos eran eunucos en forma involuntaria: habían nacido así o habían quedado en esa condición a manos de otros. Pero también había otros que estaban dispuestos a renunciar al matrimonio por voluntad propia. Barry Danylak observa: «Al usar

el término *eunuco,* Jesús no solo se refirió a no casarse, sino a
dejar de lado el derecho al matrimonio y la procreación [...]. Lo
que Jesús sugiere es que algunos renunciarán voluntariamente
a las bendiciones tanto del matrimonio como de los hijos por
causa del reino de Dios».[4] A su debido tiempo, consideraremos
esto con más detalle, pero por ahora, podemos observar simplemente esto: cuando los discípulos presentan la posibilidad
de no casarse, Jesús les habla sobre ser eunucos. En lo que a
Él respecta, esa es la única alternativa piadosa al matrimonio.

Son todas declaraciones desafiantes, pero son sumamente
claras.

Para resumir estos tres pasajes:

- El sexo fuera del matrimonio es un pecado (Mat. 15:19).
- El pecado sexual no solo incluye el acto físico, sino también
  nuestros pensamientos y actitudes (Mat. 5:28).
- El matrimonio es entre un hombre y una mujer para toda la
  vida, y la alternativa piadosa es ser célibe (Mat. 19:4-5,10-12).

Por lo tanto, Jesús no es tan tolerante en cuanto a lo sexual
como la gente suele imaginar. Lejos de ser laxo con las tradiciones judías sobre ética sexual derivadas del Antiguo Testamento,
Él las intensificó. Para aquellos que quieren seguirlo, no estar
casado supone una soltería con abstinencia sexual.

Lo bueno de la soltería

Eso tal vez aclare los términos de nuestro diálogo. Sin embargo,
todavía no hemos respondido nuestra inquietud principal: ¿es
demasiado difícil la soltería bíblica? Volvamos a ver el intercambio de Jesús con Sus discípulos después de Su enseñanza
sobre el matrimonio y el divorcio:

—Si tal es la situación entre esposo y esposa —comentaron
los discípulos—, es mejor no casarse. —No todos pueden

comprender este asunto —respondió Jesús—, sino solo aquellos a quienes se les ha concedido entenderlo. Pues algunos son eunucos porque nacieron así; a otros los hicieron así los hombres; y otros se han hecho así por causa del reino de los cielos (Mat. 19:10-12).

Observa otra vez la premisa de los discípulos: el matrimonio parece demasiado difícil. Jesús no lo contradice. Según como Él lo presenta, el matrimonio no es fácil. ¡Es difícil! No será el mejor camino para todos. Por eso algunos deciden ser como los eunucos. Nuestro punto de partida hoy suele ser lo opuesto. El celibato parece demasiado difícil, entonces deberíamos hacer que el matrimonio fuera más accesible, incluso al punto de redefinirlo para que más personas puedan alcanzarlo. Pero Jesús parece pensar de otra manera. El matrimonio puede ser demasiado difícil para algunos, así que recomienda el celibato.

También necesitamos recordar que Jesús se hizo eunuco por causa del reino. Se hizo humano voluntariamente por nosotros. Por voluntad propia, se transformó en un hombre. Era un ser humano sexuado, como todos nosotros. Sin embargo, tuvo un estilo de vida célibe. Nunca se casó. Nunca tuvo una relación romántica. Nunca tuvo relaciones sexuales. Jesús no estaba llamando a los demás a un estándar que no estuviera dispuesto a aceptar para Él mismo. No estaba llamando a los solteros a la abstinencia sexual, mientras que Él no la practicaba. Jesús vivió esta misma enseñanza.

Pero hay más que eso. Jesús no es tan solo un ejemplo de un maestro sin hipocresía. Es el ejemplo del hombre perfecto. Es la humanidad a la cual todos somos llamados, pero que ninguno de nosotros cumple. Es la persona más completa y plenamente humana que vivió jamás. Así que no es ningún accidente que no se haya casado. Nos muestra que ninguna de estas cosas —el matrimonio, la satisfacción romántica, la experiencia sexual— es intrínseca a ser un humano pleno. Apenas decimos lo contrario, apenas afirmamos que una vida de celibato deshumaniza, estamos dando a entender que Jesús mismo es tan solo subhumano.

Hace poco, entendí la trascendencia de esto. Estaba hablando con un pastor que expresaba reservas sobre llamar a los miembros de su iglesia que sentían atracción por el mismo sexo a la ética sexual que acabamos de detallar. Resumió su inquietud con las siguientes palabras: «¿Cómo puedo esperar que vivan sin esperanza romántica?». Me sentí agradecido por su preocupación por ellos. Muchos pastores casados pueden ser indiferentes respecto a lo que les piden a los miembros solteros de su iglesia. Él, al menos, era consciente del posible costo para ellos, y le importaba. Pero la suposición detrás de su inquietud fue lo que me preocupó. La suposición era que no se puede vivir sin esperanza romántica, que es injusto exigir una vida sin ningún potencial para la satisfacción romántica, y que es algo insoportable. Se da por sentado que la satisfacción romántica es fundamental para una vida plena y completa.

Tiempo después, estaba predicando sobre 1 Juan y me encontré enseñando un pasaje que incluye estas palabras:

> En esto pueden discernir quién tiene el Espíritu de Dios: todo profeta que reconoce que Jesucristo ha venido en cuerpo humano es de Dios; todo profeta que no reconoce a Jesús no es de Dios, sino del anticristo. Ustedes han oído que este viene; en efecto, ya está en el mundo (1 Jn. 4:2-3).

Después del sermón, hubo la oportunidad de hacer preguntas, y alguien preguntó si habrá alguien hoy en día que niegue que Cristo vino en carne. ¿No fue esa una herejía del primer siglo, que la iglesia primitiva pudo disipar? Pensé un momento cómo responder, cuando de repente, recordé esa conversación con aquel pastor. Caí en la cuenta de que la misma clase de pensamiento que afirma que una vida sin satisfacción sexual no es una manera auténtica de vivir declara que Jesús no se manifestó plenamente en carne, que la suya no fue una vida humana plena. Afirmar que ser célibe implica deshumanizar a la persona es deshumanizar a Cristo, es negar que vino plenamente en carne y que Su humanidad fue «real».

Varias veces, cuando he hablado de este tema, algunos han cuestionado si Jesús habrá sido realmente célibe. Los relatos de los Evangelios no dicen explícitamente que Jesús no haya tenido relaciones sexuales, así que, si nos apoyamos en esto, sería demasiado prohibírselo a los demás. Incluso he escuchado a algunos líderes mayores de la iglesia en mi propia denominación afirmar esto mismo.

Sería un enfoque bastante inusual afirmar que cualquier cosa que no se nos diga que Jesús no hizo puede ser moralmente justificable. En ninguno de los Evangelios se dice, por ejemplo, que Jesús le haya pegado en la cara a un caballo. Pero por más que los Evangelios no lo digan, eso no me lleva a pensar que entonces sería justificable hacerlo. Si alguien responde a este ejemplo (por cierto, ridículo) diciendo que tal conducta no concuerda con el Jesús que vemos en los Evangelios, respondería que justamente ese es el punto. No concuerda. Es absurdo pensar que Jesús pudiera comportarse de esa manera. Y lo mismo es cierto de la noción de que haya tenido relaciones sexuales. Después de todo, este es el hombre (como hemos visto) que presentó a Sus contemporáneos un estándar mucho más alto de ética sexual de lo que comúnmente se enseñaba. ¿Podemos pensar que Jesús habría enseñado explícita y repetidamente una cosa mientras hacía lo opuesto? Además, está el recordatorio constante en todo el Nuevo Testamento (reflejado en gran parte en los registros de los Evangelios) de que Jesús vivió sin pecado.

Hasta ahora, lo único que hemos hecho es ver cuán alto es el estándar de Jesús para la ética sexual, y cómo Su enseñanza sobre el matrimonio lo transforma en algo mucho más difícil de lo que solemos pensar. No hay nada demasiado alentador. Pero el mensaje de la Biblia sobre la soltería es mucho más que esto. Pablo pudo expresar maneras en las cuales la soltería puede ser algo bueno. En ciertas formas, realmente puede ser más fácil que el matrimonio. Lo dice de las dos maneras: si somos solteros, hay ciertas dificultades que nos ahorramos, y hay ciertas libertades que ganamos gracias a ello.

Primero, hablemos de qué nos ahorramos. Al escribirle a los corintios, Pablo muestra cómo los cristianos tienen la libertad de casarse y de permanecer solteros. Aunque él es soltero y quiere recomendarles su soltería (1 Cor. 7:7), no tiene nada de malo que los solteros que pueden casarse se casen:

> Pero, si te casas, no pecas; y, si una joven se casa, tampoco comete pecado. Sin embargo, los que se casan tendrán que pasar por muchos aprietos, y yo quiero evitárselos (1 Cor. 7:28).

Pablo da por sentado que la vida de casados incluirá ciertos «aprietos». Esto de ninguna manera es una crítica al matrimonio. En otras ocasiones, Pablo escribe con los términos más elevados sobre cómo el matrimonio refleja la unión espiritual de la iglesia con Jesús (Ef. 5:31). No se trata de que Pablo estuviera en contra del matrimonio. Sencillamente, era realista. La realidad de la vida en este mundo es que el matrimonio no será fácil. Habrá penas que vienen con él.

Es importante que lo sepamos. Desde siempre, se nos ha presentado la idea de que la mejor manera de describir el período después de la boda es: «felices para siempre». Aunque la mayoría de nosotros se da cuenta de que la vida no es así de sencilla, la realidad es que estamos expuestos a un sinfín de historias como adultos donde la boda es el final y el clímax, la resolución de la tensión. Es el objetivo y el destino. Una vez que la pareja por fin se une, termina la historia. Aunque no sea *completamente* «felices para siempre», al menos es *principalmente* «felices para siempre».

Hace unos quince años que soy pastor, y hace mucho más tiempo que soy amigo de distintas personas casadas. He visto a varios matrimonios de cerca y caminado junto a amigos casados por algunas de las pruebas que han encontrado durante su vida matrimonial. Es bueno tener amistades sinceras, con las cuales se puedan compartir tanto los momentos buenos como los malos.

El matrimonio en sí produce algunos «aprietos».

Una de las primeras parejas cuya boda dirigí ahora está divorciada. Conozco varios matrimonios que están atravesando problemas serios. Hace poco, un amigo me dijo con franqueza que él y su esposa ya no se agradan mutuamente.

Conozco parejas para las cuales la vida de casados resultó drásticamente distinta a lo que esperaban. Una mujer cuyo esposo quedó incapacitado me dijo un día: «¡Yo no me anoté para esto!». (*En realidad sí*, pensé, pero no lo dije). Conozco a otra pareja en la cual el esposo tiene una enfermedad que le ha debilitado muchísimo los brazos. No puede abotonarse su propia camisa; ni hablar de levantar a sus propios hijos… algo muy distinto de lo que había imaginado que sería su rol de esposo. Conozco a una cristiana que se casó con un hombre incrédulo, y aunque pensó que no importaría, resultó ser que era profundamente importante. Conozco otro caso en el cual una mujer se casó con alguien que se presentaba como un cristiano sólido, pero que después demostró no ser nada parecido.

Otros «aprietos» se relacionan con los hijos. He visto a amigos destrozados frente a la noticia de que no podrán tener hijos. De repente, todas las expectativas que tenían respecto a lo que sería su vida familiar se cayeron a pedazos. Aunque han tenido la bendición de adoptar varias veces, y consideran a sus hijos como miembros plenos de su familia, saben que los abuelos nunca podrán decir: «¡Tiene tus ojos!», o «¡Esa es la nariz de nuestra familia!».

Más de una pareja amiga ha tenido hijos con necesidades especiales y han pasado por la angustia profunda de no saber si estos niños sobrevivirían sus primeros días en el mundo. Otros matrimonios que conozco han experimentado el dolor ardiente de ver cómo un hijo cae en un pecado serio o se aleja directamente de la fe. Una familia muy querida perdió a una hija por cáncer y a otra por un suicidio.

Podría seguir. El punto de todo esto es que la vida matrimonial tiene puntos altos y puntos bajos, y que se trata de angustias que, como soltero, nunca experimentaré de manera directa. No es para tomarlo a la ligera. Experimentaré cierta medida de estos dolores, mientras intento caminar de cerca con amigos en estos momentos, pero no es lo mismo que tener que enfrentar estas dificultades en carne propia.

Nada de esto es para disuadirnos del matrimonio o para dar a entender que es tan solo una letanía de dolores. Es un regalo de Dios y no debe despreciarse. Pablo describe a los que prohíben casarse como gente que enseña «doctrinas diabólicas» (1 Tim. 4:1-3). El matrimonio es intrínsecamente bueno. Pero como todas las cosas buenas en un mundo caído, está manchado por el pecado y tiene su buena cuota de problemas.

La realidad es que tanto la soltería como el matrimonio tienen sus propios altibajos particulares. La tentación de muchos solteros es comparar las desventajas de la soltería con las ventajas del matrimonio. Y la tentación de algunas personas casadas es comparar las desventajas del matrimonio con las ventajas de la soltería, lo cual es igualmente peligroso. La hierba siempre parece más verde del otro lado. Cualquiera sea el don que tengamos —el matrimonio o la soltería—, lo otro puede parecer mucho más atractivo. Lo que Pablo quiere es mostrarles a los solteros que hay ciertas desventajas únicas del matrimonio (estos «aprietos») que la soltería les ahorra. Nuestra suposición común —que el matrimonio es mejor o más fácil— sencillamente no es verdad. Al ver lo que he visto en la última década, debo decir que toda la vida escogería las desventajas de la soltería por encima de las desventajas del matrimonio. Creo que estar infelizmente casado debe ser mucho más difícil que estar infelizmente soltero.

Pero además de la ausencia de ciertos problemas, Pablo también menciona la presencia de algunas oportunidades. La soltería no tiene que ver solo con lo que nos ahorramos, sino con lo que recibimos.

> Yo preferiría que estuvieran libres de preocupaciones. El soltero se preocupa de las cosas del Señor y de cómo agradarlo. Pero el casado se preocupa de las cosas de este mundo y de cómo agradar a su esposa; sus intereses están divididos. La mujer no casada, lo mismo que la joven soltera, se preocupa de las cosas del Señor; se afana por consagrarse al Señor tanto en cuerpo como en espíritu. Pero la casada se preocupa de las cosas de este mundo y de cómo agradar a su esposo. Les digo esto por su propio bien, no para ponerles restricciones, sino para que vivan con decoro y plenamente dedicados al Señor (1 Cor. 7:32-35).

Si no tenemos cuidado, es fácil malinterpretar este pasaje. Pablo no dice que la soltería sea espiritual y el matrimonio no lo sea. Tampoco está diciendo que la soltería sea fácil y el matrimonio sea difícil. No, el contraste está entre la complejidad y la simpleza. La vida del casado es más complicada; la vida del soltero es más sencilla.

Pablo nos recuerda algo del carácter del matrimonio: tanto el esposo como la esposa «se preocupa de las cosas de este mundo». Pablo no lo dice en un sentido peyorativo. No está diciendo que vivan concentrados en cosas que no agradan a Dios. Lo que quiere decir es que, para el esposo o la esposa, gran parte de su atención está sobre las cosas de este mundo. Y así debería ser. Los esposos tienen una obligación el uno para el otro, y también para con sus hijos. Deben pensar en cómo pueden amarse y animarse el uno al otro. Deben considerar las necesidades espirituales, emocionales y físicas del otro, así como las de los hijos que puedan tener. Debido a esto, la atención del casado está divida. Fácilmente, la vida puede parecer un remolino de necesidades inmediatas, urgentes y que compiten entre sí. Los casados están necesariamente absortos en las cuestiones de este mundo. Vivir y actuar de otra manera implicaría ser negligentes con sus responsabilidades.

La persona soltera tiene una mayor libertad. Nuestra concentración está menos dividida. La vida es menos complicada. Podemos dar de nosotros mismos de una manera en que los casados no pueden. Sin duda, Pablo estaba pensando en algunas de las formas en que había visto esta libertad en su propia vida y su ministerio. Había podido viajar por todas partes, pasar largos períodos de tiempo en determinados lugares, incluso arriesgando su vida por la causa del evangelio. Nada de esto habría sido posible si hubiera estado casado.

Pablo no está diciendo que los casados tengan preocupaciones y los solteros no, pero esas preocupaciones son necesariamente distintas. La vida de soltero no está libre de responsabilidades. También tenemos amistades y familiares a los que tenemos que honrar. Pero como escribe Vaughan Roberts: «Nos sentimos tirados en menos direcciones que las personas casadas, y por lo tanto, tenemos la libertad de dedicar más tiempo a "las cosas del Señor"».[5] Nuestra vida como solteros suele ser menos complicada que la de nuestros amigos casados. Estaba hablando con un amigo casado sobre un viaje que realizaría pronto. Tendría muchos vuelos largos en el medio. De inmediato, se estremeció con tan solo pensarlo. Me sorprendió su reacción.

«¿Acaso no *detestas* volar?», me preguntó.

«No, me encanta. Resuelvo muchísimo trabajo. Todas esas horas sin interrupciones. Tengo algunos de mis mejores ratos de estudio y meditación arriba de los aviones».

«Claro, me olvido de que no viajas con niños».

Aunque es un ejemplo bastante trivial, me llevó a darme cuenta de que, incluso en algunos de los detalles prosaicos de la vida, él y yo vemos las cosas desde perspectivas muy distintas. Para mí, los viajes (en especial, los vuelos largos) representan una oportunidad para hacer muchas cosas. Para él, representan tener que encontrar maneras de mantener a personitas muy energéticas ocupadas durante horas y horas. Aplica lo mismo a muchas partes de la vida, y queda claro que, para mí, la vida es mucho menos complicada.

Por supuesto, esto trae ciertos peligros. Pablo supone que el soltero «se preocupa de las cosas del Señor». Esta es una lucha para muchos de nosotros. Es fácil canalizar nuestra flexibilidad y energía a agradarnos a nosotros mismos en lugar de a Dios. Una tentación significativa para muchos solteros, en especial si vivimos solos, es volvernos egocéntricos. Con facilidad, puedo empezar a preocuparme por «las cosas mías». Es fácil hacer lo que quiero, como quiero y cuando quiero. No tengo a una «media naranja» que me obligue a ser flexible. Si quiero salir, puedo hacerlo. Si quiero tener algo de espacio para mí, puedo tenerlo. Para los solteros, es mucho más fácil comer cuando queremos y dormir cuando queremos. Necesitamos recordarnos a diario que nuestra soltería no es para nosotros sino para el Señor. No es para nuestras preocupaciones, sino para las de Él.

Recuerdo esto cuando me hospedo en la casa de otros. Como ya mencioné, suelo viajar mucho últimamente, y cuando puedo, intento quedarme en la casa de amigos en vez de en un hotel. No solo lo prefiero por la compañía, sino también porque me proporciona un grupo de personas a las cuales adaptarme. Tal

31

vez tenga que llegar a la casa a cierta hora, para cumplir con el horario de la cena de la familia. Quizás haya tareas con las cuales ayudar. No puedo simplemente ocupar la sala de estar y mirar un maratón de televisión si me siento cansado y no tengo ganas de hablar con nadie. Aun si es por unos pocos días, vivir con otros es inconveniente, de todas las maneras adecuadas.

Nada de esto quiere decir que la soltería sea fácil o que sea necesariamente más fácil que el matrimonio. Sencillamente, quiero decir que está mal suponer que la soltería es demasiado difícil. Al hacerlo, pasamos por alto las muchas maneras en que el matrimonio puede ser muy difícil. No por nada los discípulos dijeron: «es mejor no casarse». Hay algunos «aprietos» específicos que vienen con la vida de casado. No debemos desestimar las maneras en que la soltería nos libera para una devoción indivisa a Jesús. Es fácil considerar la soltería como una carga, una restricción que nos impide experimentar la vida real. Pablo declara lo opuesto:

> Les digo esto por su propio bien, no para ponerles restricciones, sino para que vivan con decoro y plenamente dedicados al Señor (1 Cor. 7:35).

Pablo no quiere restringirnos… literalmente, «ponerles una soga al cuello». Con rapidez, suponemos que eso es precisamente lo que está haciendo. Para él, la soltería no se trata principalmente de lo que nos falta (con la excepción de los «aprietos» que vienen con la vida de casado), sino de lo que tenemos libertad para hacer. Elogia la soltería porque quiere «decoro», la ventaja de una vida más ordenada y menos compleja, que en sí nos permite servir de todo corazón al Señor.

2

La soltería requiere
un llamado especial

Es julio, lo cual en términos cinematográficos, significa que ya entramos en la temporada de los superhéroes. Por todos lados está el circo habitual de las continuaciones, las nuevas versiones, las continuaciones de las nuevas versiones, y las películas que combinan a distintos personajes de todas las opciones anteriores, y después las continuaciones de esas películas, las cuales, en algún momento, probablemente tengan su nueva versión. Hace poco, vi la última versión de *El hombre araña*, alguien que parece haber pasado por más reencarnaciones que Buda. Es difícil evitar la sensación de que las versiones nuevas son, en esencia, la admisión del estudio de que, incluso después de varios intentos de más de cien millones de dólares, todavía no saben cómo transformar unos dibujos en una película. Pero evidentemente, nosotros seguimos aceptándolas con entusiasmo. Casi todos los estrenos más importantes de este verano fueron películas de superhéroes.

Es fácil ver cuál es el atractivo. Siempre nos han atraído los superhéroes. Sospecho que el Libro de Jueces, en el Antiguo Testamento, tiene algo que ver con esto. Como nos recuerda un libro reciente, los relatos de nuestra cultura popular «anhelan y hacen eco de la verdad» que Dios nos ha dado.[1]

En Jueces, vemos que parte de la plantilla que Dios nos ha provisto de la salvación supone que individuos con alguna cualidad especial se levanten para irrumpir y salvar el día. Y, tal como nuestros superhéroes modernos, ninguna de estas figuras parece dar la talla por su cuenta. Cada uno tiene sus propias limitaciones y fallas, así que se van introduciendo otros que tomen la posta que el anterior dejó, sin terminar de darles a las personas lo que más necesitan. Este proceso en Jueces nos muestra que verdaderamente necesitamos que llegue alguien que 1) no tenga fallas profundas, y 2) no se vea afectado por la muerte. Y nos muestra por qué parecemos estar hechos para querer superhéroes.

Así como el concepto del superhéroe domina la taquilla veraniega, puede dominar fácilmente nuestra manera de pensar en la idea bíblica de la soltería. Una vez más, muchos de nuestros parámetros predeterminados perciben la soltería en términos de deficiencia. Es la ausencia de algo bueno: el matrimonio, y la satisfacción romántica y sexual que el matrimonio parece representar. Las personas solteras son *no casadas*, mientras que nunca pensaríamos en un casado como alguien *no soltero*. La soltería es lo que parece deficiente y con muchas carencias. La única manera de hacerle frente es si Dios te da alguna clase de superpoder.

Todo esto significa que podemos encontrarnos totalmente fuera de sintonía con la manera en que Pablo describe la soltería en el Nuevo Testamento. Él habla de la soltería no solo como algo tolerable, sino como un *regalo* de Dios:

> En realidad, preferiría que todos fueran como yo. No obstante, cada uno tiene de Dios su propio don: este posee uno; aquel, otro (1 Cor. 7:7).

Pablo acababa de hablar del matrimonio; específicamente, de la obligación que tienen los cónyuges de servirse el uno al otro en el ámbito sexual (1 Cor. 7:3-5). Así que, cuando dice: «Preferiría que todos fueran como yo», está bien claro a qué se refiere. No está diciendo que quisiera que todas las personas fueran hombres, provinieran de Tarso o se llamaran «Pablo»; lo que está diciendo es que quisiera que todas las personas fueran como él en su soltería. Hay ciertos beneficios e incluso ventajas en esto (los cuales abordará más adelante en este pasaje). En cierto sentido, sería maravilloso si todos los creyentes fueran solteros, pero así no fue como Dios ordenó y diseñó las cosas: «Cada uno tiene de Dios su propio don: este posee uno; aquel, otro». Aunque la soltería es buena, no es el propósito de Dios que todos permanezcan solteros. Cada uno tiene su don único, lo cual quiere decir que cada uno es soltero (como Pablo) o casado. Lo que quiso decir es que, para él, tanto el matrimonio como la soltería son dones. El matrimonio es un regalo, y también lo es la soltería.

La mayoría de nosotros conoce a alguien que no puede entender, por más que se esfuerce, lo que nos gusta. (Una vez recibí un regalo tan horrible de parte de un amigo del barrio, que tuve que llevarlo a una tienda de segunda mano en otra ciudad para evitar el riesgo de que mi amigo lo encontrara y se diera cuenta de lo que yo había hecho).

Sin embargo, aunque los solteros podrían reírse ante la idea de que Dios otorgue un regalo tan poco apreciado, debemos tener cuidado y reconocer de qué y de quién nos estamos riendo. Dios no es ningún tonto. No es el tío que todavía piensa que tienes 12 años cuando ya pasaste los 30, y te sigue mandando regalos infantiles. Él es el Creador que te hizo y te conoce. Es el que ordena todas las cosas, y lo hace por tu propio bien. Una cosa es revolear los ojos ante algo que nos regala un pariente bienintencionado pero desatinado; otra muy diferente es revolear los ojos ante la omnisciencia. Si negamos rotundamente la idea de que la soltería puede ser un regalo, no es porque Dios no nos haya entendido, sino porque nosotros no le hemos entendido a Él.

Entonces, ¿qué significa esto? ¿Cuál es el *regalo* de la soltería?

La naturaleza del regalo

Dado todo lo que ya hemos visto sobre las maneras negativas en las cuales se percibe la soltería, muchos cristianos consideran «el regalo de la soltería» como una capacidad especial a la que hay que hacerle frente. Es una dotación inusual que les permite a ciertos elegidos sobrevivir como solteros. Una especie de superpoder.

Y, al igual que un superpoder, suponemos que tiene que ser excepcional e inusual. La gracia de los superhéroes es que sus poderes no son normales. Es parte de su atractivo. Se diferencian del resto de nosotros. Así que, aquellos con el don de la soltería seguramente son un grupo selecto que puede hacerle frente a la soltería de una forma que el resto no puede. Esto parece concordar con lo que Pablo está diciendo, y con nuestra experiencia de lo que es la soltería. Sin embargo, esta manera de pensar tiene varios problemas.

1. En última instancia, es otra manera de negar el valor intrínseco de la soltería. Piénsalo: si la soltería requiere alguna clase de superpoder espiritual tan solo para sobrellevarla, tiene que ser algo terrible. Al Hsu compara el don de la soltería con la anestesia durante una cirugía: «Lo que nadie dice, pero es evidente, es que nadie tomaría la decisión consciente de quedarse soltero, si tuviera la oportunidad de casarse».[2] Esto refuerza varias maneras comunes y equivocadas de pensar: que una vida sin matrimonio en realidad no es una vida

plena, y por lo tanto, que las personas que desean esa vida, incluso por causa del reino, están eligiendo algo que a fin de cuentas es malsano. La soltería de por sí no tiene nada bueno, así que necesita alguna clase de «don» especial para que sea tolerable.

2. Puede fomentar la amargura, en vez de la búsqueda de un contentamiento piadoso. Para aquellos que son infelizmente solteros, esta forma de pensar quizás sea la manera de desestimar el contentamiento que otros pueden tener en su soltería... «Claro, ellos tienen el don de la soltería y yo no».

3. Inconscientemente, permite la desobediencia. ¿Qué sucede si ciertos solteros están convencidos de que no tienen el don de la soltería, y se encuentran en una situación donde las únicas oportunidades para una relación romántica suponen pecado? Imagina que una persona siempre se ha sentido atraída al mismo sexo, o que se encuentra en un contexto donde no hay cristianos elegibles del sexo opuesto para casarse. ¿Cuál es la respuesta? En cualquiera de los dos casos, Dios parece haberse equivocado. Y si la opción es rechazar la idea de que no tienen el don de la soltería después de todo, o rechazar la idea de que la relación con alguien del mismo sexo o alguien que tiene convicciones espirituales diferentes está mal, sé cuál elegirán probablemente. Lo he visto una y otra vez. Recuerdo a una mujer que se casó con un incrédulo, justificando su postura porque: «Sé que Dios no quiere que permanezca sin casarme». Me viene a la mente otro individuo cuyo argumento para empezar una relación con una pareja del mismo sexo era: «No estoy llamado al celibato», así que, efectivamente, no tenía otra opción. Observa que en los dos casos, la culpa termina siendo de Dios. Él nos pone en una situación en la cual no tenemos la capacidad de obedecerle.

Sin embargo, sabemos que nuestro amoroso Padre celestial no obra de esta manera. Él es uno. Está perfectamente integrado en todo lo que es, lo que dice y lo que hace. Su Palabra nunca se contradice. Aceptar una parte nunca, nunca supone negar otra. Obedecer una palabra jamás implica desobedecer otra. Pensar que una situación requiere pecado niega la unidad y la integridad perfectas de Dios. Lo transforma en alguien como nosotros, incoherente y contradictorio. Además, niega Su bondad, sugiriendo que tiene el hábito de estafarnos: nos llama a hacer algo y después no nos da la habilidad para hacerlo.

4. Es difícil ver por qué alguien no podría aplicar esta misma lógica al matrimonio. En este mismo momento, conozco a una o dos personas que están muy infelizmente casadas. En uno de estos casos, Esteban (no es su verdadero nombre) y su esposa conviven exclusivamente para criar juntos a sus hijos. Ya no son amigos. Ni siquiera se gustan. Él prefiere pasar tanto tiempo fuera de su casa como puede. Participa del ministerio cristiano, así que puede llenar sus tardes y sus fines de semana con trabajo para evitar la horrible situación en su casa. Sé que mira mi soltería con una tremenda envidia. ¿Qué le impide llegar a la conclusión de que: «Estoy casado, pero claramente no tengo el *don* del matrimonio, así que tengo que abandonar a mi familia»? Esto sería «equivalente a nombrar a Dios como la causa del divorcio».[3] Si hay un «don de la soltería» que solo habilita a algunos a prosperar como solteros, entonces no hay razón por la cual no decir que hay también un «don del matrimonio» correspondiente, que habilita solo a algunos casados a prosperar en sus matrimonios.

La realidad es que el matrimonio no es fácil. Pensar que la soltería requiere un don singular y especial disimula hasta dónde el matrimonio también es sumamente difícil para pecadores como nosotros. No por nada el *Libro de Oración Común* advierte que el matrimonio «no debe ser emprendido inconsideradamente, temeraria ni sensualmente [...];

sino con reverencia, discreción, peso y cordura, sobriedad y temor de Dios».

5. Tim Keller también señala que esta manera de pensar en los dones no encaja con la enseñanza más general de Pablo: En sus escritos, Pablo siempre usa la palabra «don» para referirse a la habilidad que Dios da para edificar a otros. Pablo no se refiere [...] a algún estado elusivo y relajado.[4] Los dones (como seguirá explicando Pablo en su carta a los corintios) sirven para edificar a la iglesia, más que para encontrar un sentido de satisfacción individual y personal. Se trata de servir a otros, no de hallar una sensación especial de paz. Keller continúa:

Para Pablo, el «don» de ser soltero yace en la libertad que le da de concentrarse en el ministerio de maneras que un hombre casado no podría hacerlo. Entonces, Pablo bien podría haber experimentado lo que hoy llamaríamos una «lucha emocional» con la soltería. Tal vez quería casarse. No solo descubrió la capacidad de llevar una vida de servicio a Dios y a los demás en esa situación; descubrió (y capitalizó) las características únicas de la vida de soltero (como el tiempo y la flexibilidad) para ministrar con una gran eficacia.[5]

Lo bueno del regalo

Esta es una buena noticia. Como afirma Vaughan Roberts, significa que «ninguno de nosotros se está perdiendo nada».[6] Todos obtenemos algo de la bondad de Dios. Esto no niega que tanto el matrimonio como la soltería tengan sus desafíos, pero nos sirve para recordar que, incluso en medio de estos desafíos, podemos probar algo de la bondad de Dios. Nos protege de la clase de desesperación que viene al pensar que se nos ha atrapado en algo absolutamente insoportable, o que Dios ha cometido un grave error.

Lo que Pablo afirma a continuación, en 1 Corintios 7, también parece, a primera vista, reforzar la idea de que la soltería requiere algún llamado o don especial:

> A los solteros y a las viudas les digo que sería mejor que se quedaran como yo. Pero, si no pueden dominarse, que se casen, porque es preferible casarse que quemarse de pasión (vv. 8-9).

Esto no parece demasiado romántico. Pablo parece estar diciendo que si te cuesta controlar tus anhelos sexuales o románticos, entonces es mejor que te cases. Es difícil imaginar a un muchacho diciendo esto sobre una rodilla mientras le ofrece un anillo a su novia: «Me ha costado ejercer el autocontrol como soltero, así que creo que debería casarme antes que quemarme de pasión». Pareciera que Pablo tan solo ve el matrimonio como una clase de escape para la pasión sexual incontrolable. Me hace pensar en esas rampas de emergencia que hay en algunas calles empinadas, para los camiones que se desbocan. Si tus sentimientos sexuales están haciendo que te salgas de control, entonces toma la salida de emergencia al matrimonio, y problema solucionado. Qué lejos está esto del Pablo que escribió la apología atemporal al amor en 1 Corintios 13, la cual se ha transformado en una de las partes más celebradas de la Escritura; o del Pablo que podía hablar con abrumadora imponencia sobre cómo el matrimonio es una imagen de la relación entre Cristo y la Iglesia.

Sin embargo, esto es sin duda parte de lo que quería decir. Lo que Pablo está afirmando aquí no es lo único que tiene para decir sobre el matrimonio. No quiere dar una lista exhaustiva de lo único que hay que considerar a la hora de decidir si casarse o con quién casarse. Se refiere a algo mucho más específico: si todas las demás cosas son iguales, entonces un deseo abrumador de intimidad sexual tal vez sea una razón para considerar casarse.

Y esto debe considerarse junto con las demás cosas que la Escritura enseña respecto a cómo encontrar al cónyuge adecuado. No todos los que tengan problemas de autocontrol en esta área podrán encontrar a alguien adecuado para casarse. La presencia de un deseo sexual significativo no justifica desobedecer otros mandamientos bíblicos respecto a, por ejemplo, no casarse con alguien del mismo sexo o alguien que no comparta nuestra fe en Cristo. No podemos simplemente tomar 1 Corintios 7:9 de manera aislada y deducir que ahora Dios nos debe alguna clase de intimidad sexual. Lo que Pablo está diciendo es que las personas que pueden casarse apropiadamente son libres de hacerlo y que, si sus deseos sexuales los distraen de concentrarse de todo corazón en el Señor, lo mejor es que se casen.

Ayuda tener en cuenta la idea que tenían muchos respecto a estas cosas en la época de Pablo. El mundo antiguo solía separar el matrimonio de la satisfacción romántica o sexual. El matrimonio tenía que ver con asociarse con alguien de un estado económico y social adecuado y de asegurar herederos. Tenía que ver con una sociedad y con la posteridad. Para la satisfacción sexual o romántica, no te volcabas a tu esposa sino a una concubina o una amante (a menudo, a ambas). Lo que Pablo está diciendo es que deberías volcarte al matrimonio para satisfacer tus pasiones, no porque crea que es para lo único que sirve el matrimonio, sino porque el matrimonio es el único lugar piadoso para satisfacer esas pasiones.

La alternativa a todo esto, según Pablo, es «quemarse». De más está decir que se ha cortado mucha tela en las discusiones respecto a qué significa exactamente esto, pero el teólogo del Nuevo Testamento e historiador Paul Barnett parece tener el mejor análisis:

Aquí se tiene en mente el «ardor» de la pasión sexual, el cual se absorbe, se mitiga y se enfría con la intimidad del compromiso matrimonial. De otra manera, «ardería» fuera de control, trayendo destrucción a todas las partes. Sin embargo, también puede haber un significado más profundo. Pablo está pensando en «quemarse» como una imagen del fuego del infierno [...]. Es fácil burlarse de las imágenes medievales del infierno. No obstante, la realidad de la separación eterna de Dios, la cual comunica la imagen del fuego, es sin duda impresionante.[7]

Por cierto, esto concuerda con el contexto más amplio de este pasaje. Apenas dos capítulos antes, Pablo nos recordó la seriedad del pecado sexual:

> Es ya del dominio público que hay entre ustedes un caso de inmoralidad sexual que ni siquiera entre los paganos se tolera, a saber, que uno de ustedes tiene por mujer a la esposa de su padre. ¡Y de esto se sienten orgullosos! ¿No debieran, más bien, haber lamentado lo sucedido y expulsado de entre ustedes al que hizo tal cosa? (1 Cor. 5:1-2).

El pecado importa. Y eso significa que el pecado sexual importa. Requiere un duelo, e incluso (en algunos casos) una severa disciplina por parte de la iglesia.

Así que no es tan sencillo como afirmar que todo el que experimente una tensión sexual constante debe casarse. De lo contrario, como dice Vaughan Roberts: «Muchos tendrían que casarse en la pubertad».[8]

Si seguimos pensando en la soltería como en un llamado especial, surgen dos problemas. Primero, esto hará sentir a muchos solteros que la vida todavía no ha comenzado. Son solteros, pero no perciben que tengan «el don» de la soltería. Están en una situación para la cual no fueron diseñados y a la cual no fueron llamados. Pareciera que la vida está en un limbo, hasta que Dios se dé cuenta de que, por accidente, nos «traspapeló» a la carpeta de los solteros, y arregle las cosas.

Entonces, sentiremos que por fin todo funciona, pero hasta entonces, solo estamos dando vueltas.

Segundo, puede llevar a una presión excesiva de casarse, en especial para aquellos solteros que los demás no creen que tengan ese don. Si eres soltero y no tienes «el don de la soltería», entonces no te estás esforzando lo suficiente. A esta altura, ya deberías estar casado.

Hace poco, un líder cristiano prominente dijo lo siguiente sobre la soltería:

> Permítanme decirles que el ataque más devastador al matrimonio hoy en día viene de la soltería. La soltería es un ataque al matrimonio. El matrimonio es la gracia de la vida. Como pastor, le digo a mi gente: «Miren, si la cosa sigue así, voy a poner en una fila a todas las chicas, y a los chicos del otro lado, los voy a emparejar y vamos a tener una gran boda». Esta preocupación cada vez más grande por uno mismo, esta ambición y desarrollo personales [...] que crean una especie de soltería terminal están arruinando la familia [...]. Para mí, la soltería es un desastre.[9]

El orador está expresando una preocupación piadosa, aunque con una muy pobre elección de palabras. Muchas personas hoy en día posponen el matrimonio por razones completamente egoístas. Tim Keller identifica un problema similar:

> Los adultos en la sociedad occidental están profundamente formados por el individualismo, un temor e incluso un rechazo de las opciones limitativas por el bien de otros. Muchos hoy en día viven solteros, no con una desdicha consciente y solitaria de anhelar casarse, sino más bien en la desdicha mayormente inconsciente y solitaria de desear demasiado poco el matrimonio, por tenerle miedo.[10]

Es indisputable que esto es una realidad. El senador de Estados Unidos, Ben Sasse, la describió hace poco como parte de una tendencia más amplia de extender el estilo de vida de la adolescencia hasta avanzada la adultez.[11] Sin embargo, el problema subyacente no es la soltería, sino el egoísmo. El orador cristiano estaba equivocado al sugerir que la soltería es un desastre. El problema es para qué se usa la soltería. Llamar a la soltería en sí «una amenaza al matrimonio» es referirse a la misma de una manera profundamente antibíblica, que estoy seguro de que dejaría boquiabierto a Pablo. También es posible casarse por razones perezosas y egoístas en vez de razones piadosas, pero dudo que alguien se atrevería a decir que el matrimonio en sí es un «desastre». El problema no es el estado del matrimonio ni el estado de la soltería. Las dos cosas son un regalo. El problema es nuestro corazón y lo que nos motiva. No debemos echarle la culpa a la soltería de posponer el matrimonio con egoísmo, así como tampoco debemos culpar al matrimonio por el egoísmo en el matrimonio.

Esto les presenta un desafío a muchos pastores; en especial, si ministran en contextos donde hay muchos solteros. Es necesario confrontar a aquellos que posponen el matrimonio por razones que no agradan a Dios, sin despreciar a aquellos cuya soltería no es una elección personal o si, en realidad, la han elegido por causa del reino. También es necesario afirmar lo bueno y las ventajas de la soltería sin defender, de manera inconsciente, las motivaciones egoístas de aquellos para los cuales la soltería parece más fácil.

La soltería, al igual que el matrimonio, es algo bueno. Debe recibirse de manera adecuada y sostenerse desde una perspectiva bíblica, de la misma forma que el matrimonio. Si la honramos como Dios quiere, como un regalo bueno, no supondremos que requiere alguna clase de superpoder espiritual para que sea tolerable.

3

La soltería significa cero intimidad

Era la clase de correo electrónico que te rompe el corazón.

Un amigo que vive lejos me contactó para decirme que le costaba entender cómo podía valer la pena el costo de la soltería como cristiano. En su opinión, una relación ilícita sería «la única manera posible de disfrutar la intimidad relacional con la cual he soñado toda mi vida». Su conclusión fue: «No puedo imaginar lo vacía que sería mi vida sin alguien a mi lado». A la luz de este déficit de intimidad, ¿podría acaso valer la pena ser soltero?

Mi amigo no está solo. En mi propia familia de la iglesia, una de las principales causas por las que las personas se apartan de Cristo han sido las relaciones ilícitas. Para muchos, el problema fue que la vida de soltero sencillamente no era viable. Necesitaban intimidad.

Esto se ha transformado en una premisa indisputable hoy en día: la soltería (bíblica) y la intimidad son alternativas. La decisión de ser célibe es una decisión de estar solo. Con razón para muchos esto es demasiado para soportar. ¿Podemos realmente esperar que alguien viva sin esperanza romántica? Suena demasiado injusto.

Como ya hemos visto, la Biblia deja en claro que la alternativa para el matrimonio es el celibato. Cuando Sus discípulos empezaron a tener dudas respecto al matrimonio, Jesús les dejó bien en claro que la única alternativa piadosa era ser como eunucos, la abstinencia sexual (Mat. 19:10-12).

Sin embargo, la elección entre el matrimonio y el celibato no es la elección entre la intimidad y la soledad; o al menos, no debería serlo. Podemos arreglarnos sin sexo. De esto estamos seguros… Jesús mismo vivió como un hombre célibe. Pablo también. Muchos otros lo han hecho. Sin embargo, no fuimos diseñados para vivir sin intimidad. El matrimonio no es la única respuesta a la observación: «No es bueno que el hombre esté solo» (Gén. 2:18).

Reconsideremos la intimidad

Entonces, ¿por qué este no parece ser el caso? Una parte importante tiene que ver con cómo solemos considerar la intimidad hoy en día. En occidente, prácticamente hemos hecho que el sexo y la intimidad se fundan el uno con el otro. Donde hay uno, se supone que tiene que estar el otro. No podemos concebir una intimidad genuina sin que sea, a fin de cuentas, sexual.

No hace falta que miremos demasiado lejos para verlo. Hace unos años, en Reino Unido, conmemoramos el centenario del comienzo de la Primera Guerra Mundial. Como parte de las conmemoraciones, hubo series de radio que reproducían extractos de los diarios y las cartas de algunos de los soldados. Uno de los aspectos que saltó a la vista fue la profundidad de la amistad que desarrollaron muchos de ellos, sin duda, forjada y fortalecida en medio de los horrores que experimentaron juntos. Esto en sí fue fascinante. Sin embargo, lo que más me llamó la atención fue la reacción de algunas personas que comentaban sobre estos extractos: «Bueno, evidentemente era gay».

Evidentemente, porque tenían un profundo afecto, y el afecto profundo debe tener una raíz sexual.

C. S. Lewis, como de costumbre, da en el clavo: «Aquellos que no pueden concebir la amistad como un amor considerable, sino tan solo como un disfraz o como obra de Eros, revelan la realidad de que nunca tuvieron un amigo».[1] Que nuestra cultura imagine que la intimidad solo se da en el contexto de la atracción sexual muestra claramente lo poco que nuestra cultura entiende y experimenta en realidad la verdadera amistad.

La Biblia nos da una perspectiva completamente distinta. La intimidad y el sexo, aunque a menudo se superponen, no son idénticas ni siempre simultáneas. Es posible tener muchas relaciones sexuales sin nada de intimidad. El rey David podría ser un buen ejemplo. Considera estas palabras de dolor expresadas por David después de la muerte de su amigo íntimo Jonatán:

> ¡Cuánto sufro por ti, Jonatán, pues te quería como a un hermano! Más preciosa fue para mí tu amistad que el amor de las mujeres (2 Sam. 1:26).

Al escuchar esas palabras hoy, muchas personas dan vuelta los ojos. Ed Shaw comenta: «Hoy en día, parece imposible que alguien lea este cántico sin pensar que David y Jonatán seguramente disfrutaban de una relación homosexual. ¿No te pasó acaso que olfateaste rápidamente algo erótico entre ellos?».[2] Sin embargo, esto no es ni necesario ni probable.

Lo que sabemos sobre la vida y las hazañas de David arroja luz sobre esto. Cuando lamentó la pérdida de su amigo Jonatán, David tenía tres esposas (ver 1 Sam. 25:42-44). Sus relaciones con las mujeres eran profundamente complicadas. Según la experiencia de David, el amor de una mujer no era en absoluto sencillo. Así que, es fácil imaginar su deleite en la cercanía que tenían en la amistad con Jonatán. Ed Shaw pregunta: «¿Por qué no es posible que disfrutara de la intimidad no sexual de su amistad con Jonatán (también un hombre casado) más que la intimidad sexual de su relación con Abigaíl, Ajinoán y Mical?».[3]

Las palabras de David sobre la profunda intimidad que disfrutaba con Jonatán no indican que haya sido sexual, sino que las relaciones sexuales que tenía con las mujeres de su vida pueden haber carecido de una verdadera intimidad.

Hoy vemos la misma dinámica. En la cultura de hoy, es muy fácil tener relaciones sexuales con alguien que acabas de conocer y del cual no sabes demasiado. Es un error colosal confundir esto con la verdadera intimidad. La unión sexual fue diseñada para expresar y profundizar la intimidad dentro del matrimonio. No puede, por sí misma, crearla de la nada. Sin embargo, a menudo percibimos que es para eso, y puede parecer que buscar una cercanía sexual proporcionará la intimidad más profunda que anhelamos. He visto esto muchas veces en el ministerio pastoral. Dentro de todos nosotros, hay un profundo anhelo de conocer y ser conocidos. A veces, puede parecer que el sexo nos permitirá lograrlo. Parece ser un medio para descubrir lo que somos ante otra persona. Después de todo, las generaciones más antiguas usaban la expresión «conocer» para referirse a la relación sexual. Pero divorciado de una relación real, el sexo puede ser una forma de intimidad física, y solamente eso. No proporcionará la intimidad más profunda que necesitamos en la vida. Es posible tener muchas relaciones sexuales sin nada de intimidad real.

Pero lo opuesto también es cierto. Es posible tener mucha intimidad en la vida y que nada de eso sea sexual. Las relaciones sexuales y románticas no son las únicas que proveen una cercanía genuina y vivificante. Necesitamos redescubrir una categoría bíblica de intimidad que se ha descuidado en nuestro contexto cultural, y tristemente incluso en muchas de nuestras iglesias: la amistad.

Cómo experimentar intimidad en la amistad

En los últimos días, las noticias han estado llenas de especulaciones sobre las razones detrás del rompimiento de una pareja de famosos. La separación se anunció hace algún tiempo, pero están saliendo a la luz nuevas acusaciones de infidelidad, posiblemente por parte de los dos. Así que las fábricas de chismes están a todo vapor, preguntándose quién será el tercero en discordia.

Nos fascina pensar con qué famoso pueden estar acostándose. No nos interesa en absoluto los famosos con los cuales tal vez sean amigos. Lo primero es noticia precisamente porque se percibe como de un orden superior de importancia. El sexo es donde pasa la vida real. La amistad, por otro lado, ha sido sumamente degradada.

Piénsalo. En los últimos años, ha cambiado nuestra definición de amistad, para pasar a describir algo bastante trivial. Nos hacemos amigos de alguien cuando lo añadimos a nuestra lista de contactos en los medios sociales. Permitirle a alguien el acceso a nuestra página de perfil implica transformarlo en nuestro amigo. Con razón para muchos de nosotros un amigo es poco más que un conocido, alguien con quien nos mantenemos en contacto nominalmente y con quien nos encontramos de vez en cuando.

No obstante, esto es una degradación masiva de lo que la amistad significaba para las generaciones pasadas, y lo que sigue significando en muchas culturas no occidentales hoy en día. Hay varios motivos para esta degradación, pero uno de los más importantes es que las relaciones románticas y sexuales ahora son el lugar principal donde buscamos cualquier clase de intimidad, y todas las demás formas de contacto quedan relegadas a un lugar mucho más inferior en nuestra manera de pensar.

Incluso 60 años atrás, C. S. Lewis se daba cuenta de que la amistad se había vuelto «algo bastante marginal; no un plato principal en el banquete de la vida; una distracción; algo para llenar las grietas de nuestro tiempo». Llegó a la conclusión de que «pocos la valoran, porque pocos la experimentan».[4] Es una tendencia que ha continuado hasta nuestra época. El teólogo y escritor cristiano Wesley Hill observa cómo el exceso de las películas recientes de «bromance» ilustran una incomodidad cada vez más profunda que muchos hombres sienten ahora respecto a la amistad:

> Películas como *Superbad* [Súper cool] y *I Love You, Man* [Te amo, brother], para mencionar apenas dos de las más recientes, nos muestran la incomodidad de dos hombres que intentan alcanzar alguna clase de cercanía emocional —de amarse el uno al otro sin decirlo expresamente— y al mismo tiempo evitar que los cataloguen como pareja. Aparentemente, algo muy difícil.[5]

La triste realidad es que hay una abrumadora escasez de amistad en muchas de nuestras iglesias. Para nuestra cultura occidental y, tristemente, para gran parte de nuestra cultura como iglesia, la amistad es descartable en gran medida. En lo que se refiere a la intimidad, nos concentramos en la romántica y la matrimonial, pero esto es algo muy distinto de lo que la Biblia tiene en mente cuando habla de la amistad.

Tomemos el Libro de Proverbios, por ejemplo. Aquí encontramos una visión elevada de la amistad. Considera lo siguiente:

> El hombre de muchos amigos se arruina, pero hay amigo más unido que un hermano (Prov. 18:24, LBLA).

Esto parece diametralmente opuesto a nuestra manera de ver la amistad hoy en día. Para muchos de nosotros, la amistad es bastante descartable. Los amigos son las personas con las cuales estamos durante la etapa de la vida en la que justo estamos juntos. Proverbios está hablando de algo mucho más vital. El autor contrasta la amistad verdadera con otras dos clases de relación.

Primero, al amigo de verdad se lo diferencia con otro que nos termina arruinando. El proverbio da por sentado que hay muchos de estos, y parece referirse más a conocidos que a verdaderos amigos. En otras palabras, en la vida suele haber una buena cantidad de personas a nuestro alrededor que nos conocen y saben quiénes somos, pero con los cuales no podemos contar a la hora de la verdad. De hecho, esta es la categoría exacta de persona a la que solemos referirnos cuando hablamos de la amistad hoy en día: personas con las cuales estamos bastante, pero no necesariamente gente con la cual abriríamos las cuestiones profundas de nuestro corazón. Son personas que tienden a ir y venir.

Me vienen a la mente viejos compañeros de escuela, muchachos con los que pasé muchísimo tiempo. En cierto sentido, nos conocíamos bastante bien. Podría contarte con quiénes salían, o algunas de las cosas legendariamente tontas que decían o hacían, lo que les gustaba o cuáles eran sus puntos fuertes y débiles. Teníamos muchísimas historias para contar sobre el otro, pero era todo bastante trivial. Podría contarte todas estas cosas sobre ellos, pero no necesariamente decirte cuáles eran sus grandes esperanzas y sueños, o lo que más temían en la vida. Tal vez en uno o dos casos, pero sin duda no en la mayoría. Eran una especie de compañeros —personas que te acompañan y con quienes haces distintas cosas—, pero no cumplían con la descripción de Proverbios.

No es de extrañar que, a medida que la vida siguió y cada uno se mudó lejos, no seguimos en contacto. De vez en cuando, tengo noticias de uno o dos de ellos. Ocasionalmente, alguien viene de visita y estamos un rato juntos. Pero en general, esta clase de personas va y viene a medida que la vida avanza.

Cambiamos de trabajo y adquirimos un nuevo grupo de compañeros. Nos mudamos a otro vecindario y encontramos nuevos vecinos. No es realista seguir en contacto con los viejos además de conocer a los nuevos, así que hay cierto sentido de inevitabilidad que nos indica que, al avanzar por las distintas etapas de la vida e ir de un lugar a otro, tendemos a alternar por esas relaciones.

El escritor del proverbio parece suponer que podemos tener «muchos» de estos compañeros. Sin duda, esto es más cierto que nunca antes. La tecnología ha hecho que sea más fácil que nunca tener una abundancia de compañeros. Los medios sociales nos mantienen en contacto con muchísimas más personas de las que podríamos seguir de otra manera... todos esos viejos compañeros de escuela y de trabajo, los antiguos vecinos, incluso antiguas parejas. Ahora, seguimos nominalmente en contacto con *todos* ellos, y más o menos al tanto de lo que les sucede. No siento que he perdido el contacto cuando no hacen falta más de tres segundos para entrar en su perfil y saber casi exactamente lo que han estado haciendo.

Sin embargo, el peligro es que esto crea la ilusión de una verdadera amistad sin que esta sea real. En promedio, una persona tiene 237 amigos en Facebook, pero lo que tenemos en realidad dista mucho de lo que Proverbios describiría como «amigos». Tal vez tengas mucha gente a tu alrededor que más o menos sabe en qué andas, pero esto está muy lejos de la clase de amigo íntimo con el cual uno desnuda el alma, del cual está hablando Proverbios. No está mal tener compañeros con los que pasar el rato y reírnos, pero eso no es lo que Proverbios dice que necesitamos para vivir bien.

La otra relación que se contrasta con la amistad es la de un familiar cercano. El proverbio hace la distinción entre un amigo y un hermano. Por supuesto, los dos no son incompatibles. Pero en el mundo antiguo, la familia era sumamente

importante. Era la unidad social fundamental en la cual exis-
tías, a la que eras leal y de la cual dependías. Y por supuesto,
las familias suelen ser las que están allí para apoyarnos en los
momentos difíciles. No obstante, el proverbio destaca una distinción esencial. Una de las glorias peculiares de la amistad es
su naturaleza absolutamente voluntaria. En cierto sentido, los
familiares tienen una obligación unos con otros, en virtud de la
sangre que comparten. Los amigos deciden participar de la vida
de otros con libertad. Un amigo es alguien que te ha *elegido*. La
obligación es enteramente autoimpuesta, lo cual puede hacerla
mucho más dulce. Como lo expresa C. S. Lewis, la amistad es
«el amor menos *natural* de todos; el menos instintivo, orgánico,
biológico, gregario y necesario [...]. La especie, desde el punto
de vista biológico, no la necesita».[6] Mi amigo Ray Ortlund hace
la distinción de esta manera:

> Un hermano no tiene más remedio que estar a tu lado. Un
> hermano tiene la obligación de ser alguna clase de red de segu-
> ridad. Para eso está la familia. Sin embargo, un amigo te elige.
> Cuando alguien te ama en todo momento, en las buenas y en
> las malas, y no tiene por qué hacerlo pero lo elige, esa persona
> es un amigo.[7]

En nuestra propia época, esto también podría ayudarnos a
distinguir la amistad de una tercera categoría de relación: el
matrimonio. En algunos de los debates entre cristianos sobre las
relaciones entre personas del mismo sexo y la iglesia, he escuchado a varias personas proponer una especie de «matrimonio
sin sexo», para aquellos que quieren sostener la ética sexual
cristiana, mientras tienen alguna clase de compañía romántica
con otra persona del mismo sexo. Según ellas, esto evita la
supuesta soledad de la soltería, mientras que cumple los están-
dares bíblicos para la conducta sexual.

El problema con esta clase de sugerencia es que, de manera implícita, supone que el sexo es el único factor importante que separa al matrimonio de las demás clases de amistad íntima. Esto deja aún más claro cuánto hemos malinterpretado la amistad y supuesto que la intimidad «real» se encuentra en la unión sexual.

El matrimonio no es tan solo una amistad íntima con el añadido del sexo. Y una amistad íntima tampoco es un matrimonio sin sexo. El matrimonio, por definición y necesidad, tiene que ser exclusivo. Es un pacto. La amistad no lo es. Mi amistad incluso con mi amigo más cercano no se ve amenazada por el crecimiento de una amistad similar con otra persona. No es un juego donde uno tiene que perder para que el otro gane. Es más, lo opuesto suele ser cierto. Hace un par de años, estábamos planeando con un amigo cercano un viaje de excursionismo a Escocia. Me entusiasmaba mucho la idea: una de mis personas preferidas en uno de mis lugares preferidos, haciendo una de mis actividades preferidas. A medida que el viaje se acercaba, él sugirió a otro amigo para que se nos uniera. Al principio, fue una desilusión, ya que estaba esperando pasar tiempo a solas con mi amigo. Pero que este otro amigo viniera añadió muchísimo al viaje. Ellos habían sido compañeros de habitación en la universidad, y este muchacho conocía todo un lado de mi amigo que yo no conocía, y me hizo ver toda una faceta de mi amigo que hasta el momento no había visto. Fue mejor que si tan solo hubiéramos estado los dos. Esto no habría sorprendido a C. S. Lewis:

> En cada uno de mis amigos, hay algo que solo otro amigo puede sacar plenamente a relucir. Por mi cuenta, no tengo lo suficiente para llamar a todo el hombre a la actividad; quiero otras luces además de la mía para que muestren todas sus facetas [...]. Por lo tanto, la verdadera amistad es el amor menos celoso de todos.[8]

De esta manera, Proverbios nos presenta una categoría de amistad cercana que no es ni compañía ni familia. Cuando vemos cómo es esta amistad, nos damos cuenta de que es drásticamente diferente de lo que hoy en día solemos considerar amistad. Según Proverbios, hay dos características particulares de la amistad que se destacan: no es pasajera ni superficial.

Las marcas de la verdadera amistad

La verdadera amistad no es pasajera:

> En todo tiempo ama el amigo; para ayudar en la adversidad nació el hermano (Prov. 17:17).

La clase de amistad que necesitamos en la vida es constante. Una vez más, el contraste aquí es con el hermano: un hermano nace para ayudar en la adversidad. Ahí es donde aparece la familia verdaderamente. Ni siquiera tenemos que pensarlo. Cuando un familiar está en problemas, ahí estamos.

La amistad es diferente. No tenemos que malinterpretar el contraste. No quiere decir que los hermanos te apoyan en la adversidad de una manera que los amigos no lo hacen. Quiere decir que los amigos están junto a ti *en todo tiempo,* de una manera que no necesariamente sucede con un hermano biológico. Los hermanos no necesitan estar especialmente cerca para estar disponibles en tiempos difíciles. La relación no depende de cuánto tienen en común o de la frecuencia con la cual se ven. Estás ahí cuando hay una emergencia. Pero un amigo está ahí siempre. La amistad supone constancia. Los amigos están en todo tiempo, en las buenas y en las malas, llueva o salga el sol. No importa qué suceda. La marca de un verdadero amigo es que está contigo en todo tiempo. Eso significa que está a tu lado cuando tocas fondo:

> Con las riquezas aumentan los amigos, pero al pobre hasta su amigo lo abandona. (Prov. 19:4)

Cuando nos va bien, rápidamente nos rodean personas que afirman ser amigos. Los que ganan la lotería descubren que no tienen que hacer ningún esfuerzo para mantenerse en contacto con las personas; todo el mundo quiere estar con ellos. La gente sale de donde uno menos lo espera y reaparece en la vida. Pero cuando cambia la marea, estos «amigos» desaparecen tan rápido como aparecieron.

Lo vemos en la conocida parábola del hijo pródigo que contó Jesús. El hijo de la historia exige su parte de la herencia a su padre y se va lejos a darse todos los gustos. Con su nueva riqueza y sus ganas de pasarla bien, no le faltaba compañía. Pero cuando se acabó el dinero y quedó desamparado, tuvo que recurrir a hurgar comida en una pocilga porque «nadie le daba nada» (Luc. 15:16). Cuando las riquezas ya no estaban, todos se esfumaron. Muchas personas se muestran amistosas cuando creen que les eres útil. Te necesitan para algo. El verdadero amigo no te ve como un medio para alcanzar un fin, así que se queda junto a ti. No celebra solamente contigo cuando te va bien; está para acompañarte en medio de tus fracasos. La verdadera amistad no es inconstante.

La verdadera amistad tampoco es superficial. Un amigo no es meramente alguien que conoce tu página de Facebook. Un amigo es alguien que conoce tu alma:

> El ungüento y el perfume alegran el corazón, y dulce para su amigo es el consejo del hombre (Prov. 27:9, LBLA).

«El consejo del hombre» se traduce literalmente «el consejo del alma».[9] Este consejo no es superficial, sino profundo y sincero. Es una amistad que opera en el ámbito del alma, y no hay nada que se le parezca. Una fragancia agradable puede levantarte el ánimo, pero tener un amigo íntimo que nos guía con cuidado es particularmente dulce. Esto es así sin importar si el consejo es positivo o negativo, fácil de oír o profundamente desafiante.

No hay nada como que un amigo cercano, una de las personas de la tierra que más te conocen y te aman, te dé su guía concienzuda en la vida.

Hace casi 20 años, empecé a salir con una chica de nuestra iglesia. A todos les caía bien, y después de un tiempo, al parecer empecé a caerles bien a todos solo porque estaba saliendo con ella. Bueno, no a todos.

Estaba en un viaje al sureste de Asia con un equipo que incluía a uno de mis mejores amigos. Compartíamos una habitación, y recuerdo como si fuera ayer que estábamos acostados una noche, mirando el ventilador de techo, cuando él me dijo con bondad pero firmeza que no le encantaba mi nueva relación. No era lo que quería escuchar; pero era exactamente lo que necesitaba oír. Fue una especie de represión, un correctivo frente a una actitud que yo no debía tener. Me aconsejó desde su alma, y siempre me acuerdo de eso, precisamente porque fue una expresión de la profundidad de nuestra amistad y de su preocupación por mí. Tenía cierta dulzura. Desde entonces, hemos hablado al respecto muchas veces. Lo recuerdo como uno de los momentos culminantes que permanecieron de nuestra amistad, porque es un regalo tener a alguien que conozca tu alma, que conozca lo mejor y lo peor de ti, y que sin embargo, esté profundamente comprometido contigo.

Esto no sucede sin franqueza y vulnerabilidad, una de las marcas distintivas de la amistad bíblica.

Cuando David escribe: «El Señor brinda su amistad a quienes le honran» (Sal. 25:14), la palabra hebrea para amistad también puede significar «secreto». La amistad está conectada con la confidencia. Un amigo es alguien a quien le cuentas tus secretos, alguien a quien le permites ver todo lo que sucede en tu vida. Es la persona que verdaderamente sabe lo que te pasa. Conoce tus tentaciones y sabe lo que más deleita tu corazón. Sabe cómo orar por ti instintivamente.

Eso es verdadera intimidad. En nuestro mundo, ser profundamente conocido y ser profundamente amado a menudo parecen alternativas. Nos preocupa que si alguien nos conoce de verdad, tal vez no nos ame tanto. Así que, como dice Tim Keller, nos transformamos en nuestros propios directores de relaciones públicas. Cultivamos la clase de imagen que queremos que el mundo tenga de nosotros. Con destreza, mantenemos oculto todo lo que no queremos que los demás descubran sobre nosotros. Es el carácter de gran parte de la vida en este mundo, y lo ha sido desde que Adán y Eva sintieron la necesidad de empezar a cubrirse cuando estaban cerca del otro. Dejarse conocer profundamente implica ser vulnerables. Así que, cuando encontramos personas con las que podemos compartir nuestro ser interior, es un tremendo alivio y un gran regalo.

Jesús mismo refuerza esta visión de la amistad. En un pasaje sorprendente, Jesús describe a Sus seguidores como amigos:

> Ya no los llamo siervos, porque el siervo no está al tanto de lo que hace su amo; los he llamado amigos, porque todo lo que a mi Padre le oí decir se lo he dado a conocer a ustedes (Juan 15:15).

Observa el razonamiento de Jesús. Él nos dice en qué considera que consiste la verdadera amistad. Una relación entre amo y siervo, de manera similar a la que hay entre un jefe y un empleado hoy en día, es fundamentalmente funcional: uno establece el trabajo que hay que hacer y el otro va y lo hace. En ningún caso, el jefe o amo tiene la obligación de dar alguna explicación o de abrirse en cuanto a lo que hay en su corazón o su mente; «el siervo no está al tanto de lo que hace su amo».

Sin embargo, un amigo *sí* se abre. Esto es lo que está diciendo Jesús.

Sí, Él es el líder y Sus discípulos deben seguirlo. Pero nos perderemos algo vital si lo dejamos así solamente. Él es nuestro amo, nuestro Señor; pero no es *solo* eso para nosotros. Jesús declara que, a diferencia del siervo o el subordinado, nosotros *sí* sabemos lo que Él hace. Y, por más increíble que parezca, no solo nos ha revelado un poquito sino que se nos ha mostrado *por completo*. Todo lo que tiene para compartirnos del Padre, eso nos ha compartido. No se guarda nada vital. No hay ninguna dinámica en la que se nos informe solo lo que necesitamos saber, ni una jerarquía de autorización. En lo que a Él respecta, todo lo que Él sabe, ahora nosotros también lo sabemos. Nos ha dejado entrar por completo. ¡Qué hermoso! Jesús es el amigo por excelencia.

Por su misma naturaleza, la amistad es una forma maravillosa de intimidad. Un amigo es la persona que te conoce en tu momento más brillante y en el más vergonzoso, y aun así, te ama. Es precioso que alguien nos conozca y nos ame con tanta profundidad.

Es lo que todos necesitamos. Proverbios elogia la amistad no porque sea una linda bonificación en la vida, sino porque es la clave para vivir con sabiduría en el mundo de Dios.

> El hombre de muchos amigos se arruina, pero hay amigo más unido que un hermano (Prov. 18:24, LBLA).

Este proverbio hace más que simplemente separar la amistad de la familia o de un compañerismo laxo. La amistad conlleva una cercanía, una intimidad sin la cual nos volvemos vulnerables a la ruina. Proverbios tiene mucho para decir sobre la amistad, precisamente porque es un componente clave de la sabiduría.

Así que es importante para todos nosotros. He hablado muchas veces sobre este tema en la iglesia, y más de una vez, he tenido la sensación de que muchas de las personas casadas pensaban: *Qué bueno que los solteros escuchen una enseñanza sobre esto.* Pero la realidad es que todos necesitamos amigos: los casados tanto como los solteros. He visto a más de un matrimonio encontrarse en dificultades porque los cónyuges se habían volcado enteramente el uno al otro para satisfacer todas sus necesidades de amistad e intimidad, y no habían cultivado amistades fuera del matrimonio. No siempre es fácil fomentar amistades cercanas cuando tienes una familia establecida, pero es una disciplina vital abrir la vida familiar a otras personas que te rodean.

Cuando podemos cultivar estas amistades que describe Proverbios, descubrimos que es posible disfrutar de una gran cantidad de intimidad en la vida. Es una profunda intimidad de la que todos nosotros podemos disfrutar, pero que muchos nunca experimentan (tristemente, incluso dentro del matrimonio).

Como soltero, hay una profundidad de la intimidad que mis amigos casados disfrutan y que yo no puedo experimentar: compartir prácticamente toda la vida con una persona. Pero no es tan sencillo como decir que entonces tengo menos intimidad en mi vida. La soltería me da la capacidad de experimentar un abanico de amistades que no podría sostener si estuviera casado. Tengo amigos cercanos que tienen desde 20 años menos que yo hasta 20 años más, y que cubren toda una variedad geográfica y cultural.

Un estilo de vida más flexible me posibilita verlos de una manera que me resultaría imposible si tuviera mi propia familia a la cual cuidar. Hace un tiempo, una pareja amiga me llamó para contarme que acababan de recibir una mala noticia repentina de su médico, y claramente estaban muy angustiados. Al ser soltero, me resultó relativamente fácil dejar todo de lado, guardar un cepillo de dientes en un bolso con una muda de ropa, subirme al auto e ir a visitarlos. Para mí, fue muy importante poder hacerlo. Otra pareja que conozco perdió un hijo por suicidio. Pude quedarme con ellos varios días. Fue un triste privilegio estar con ellos durante un tiempo de un trauma tan profundo.

La soltería se presta a esta clase de intimidad; proporciona la oportunidad y la libertad para que se desarrolle. Así que, aunque tal vez no conozca la profundidad única de intimidad que disfrutan mis amigos casados, los solteros tienen una *amplitud* de intimidad a su disposición que sus amigos casados no podrían experimentar de la misma forma.

4

La soltería significa renunciar a la familia

Hace un tiempo, me encontré por casualidad con una mujer a la que no había visto en unos diez años. Mientras nos poníamos al día acerca de todo lo que había pasado en la última década, le pregunté por sus hijos. La última vez que la había visto, tenía dos adolescentes, que ahora estaban cerca de los 30 años, así que le pregunté por ellos.

«Uno está casado y el otro, comprometido. Así que ya están los dos resueltos».

Me alegró escuchar que les iba bien. Pero me quedó dando vueltas en la mente esa última palabra: *resueltos*.

Sé lo que quiso decir. Pero fue difícil evitar la implicancia. ¿Qué decía eso sobre mí? ¿Yo estaría *sin resolver*?

Comentarios como estos, a menudo no intencionales, suelen dar a entender que los solteros somos como hilos sueltos que quedan colgando y que es necesario atar. Es como si estuviéramos esperando que nos procesen. Cuando las personas se establecen en su propia unidad familiar, quedan listos. Están preparados para la vida. O, como mi amiga lo expresó, están resueltos.

Hay varios problemas con este concepto. Uno es pensar que tener una familia propia significa que, de alguna manera, el resto de tu vida tiene un futuro asegurado. Pero sabemos que no es así. Ya mencioné algunos ejemplos de los «aprietos» que pueden enfrentar las personas casadas.

Pero el otro problema (y lo que nos concierne en este capítulo) es la suposición de que ser soltero implica no tener familia. Como vimos en el capítulo anterior, la Biblia habla de la amistad como una manera maravillosamente íntima de relacionarse con los demás. Sin embargo, no es el único medio no sexual de disfrutar de la intimidad. Es común que la gente dé por sentado que la soltería significa cerrarle la puerta a tener una familia. Pero una vez más, este no tiene por qué ser el caso. Así como la Biblia tiene un concepto diferente de amistad, también tiene una manera bien distinta de ayudarnos a entender la familia.

Cómo Jesús reconstituye la familia

Lo vemos reflejado en todo el Nuevo Testamento. Jesús lo sugiere incluso al principio de Su ministerio. Alguien saca el tema de la familia física de Jesús: Su madre y Sus medios hermanos.

> Él responde: «—¿Quiénes son mi madre y mis hermanos? [...] Luego echó una mirada a los que estaban sentados alrededor de él y añadió: —Aquí tienen a mi madre y a mis hermanos. Cualquiera que hace la voluntad de Dios es mi hermano, mi hermana y mi madre» (Mar. 3:33-35).

Jesús reconfigura nuestra manera de concebir la familia. Su verdadera familia se define en términos espirituales más que por una línea biológica. Nos transformamos en parte de Su familia cuando seguimos la voluntad de Dios. Nuestra orientación espiritual, más que nuestro nacimiento físico, es lo que se vuelve decisivo.

Esto es fundamental para lo que continúa afirmando el Nuevo Testamento sobre la familia como pueblo de Dios. Si somos cristianos, significa que si tenemos el privilegio de pertenecer a una familia física, no debemos considerarla nuestra *única* familia. Y si no tenemos ninguna familia física, no tenemos que pensar que entonces no nos queda ninguna experiencia de vida familiar. Es más, Jesús afirma que no debería ser así. Más bien todo lo contrario.

Cómo Jesús promete una familia

Veamos una de las promesas más notables pero menos conocidas de Jesús:

—¿Qué de nosotros, que lo hemos dejado todo y te hemos seguido? —comenzó a reclamarle Pedro.

—Les aseguro —respondió Jesús— que todo el que por mi causa y la del evangelio haya dejado casa, hermanos, hermanas, madre, padre, hijos o terrenos recibirá cien veces más ahora en este tiempo (casas, hermanos, hermanas, madres, hijos y terrenos, aunque con persecuciones); y en la edad venidera, la vida eterna (Mar. 10:28-30).

En este pasaje, acaba de suceder el conocido encuentro entre Jesús y el joven rico. Él se pegó a Jesús, al parecer lleno de entusiasmo por subirse a Su tren, pero no estaba dispuesto a dejar atrás lo que Él le pedía. Entonces, regresó muy triste. Es una situación sumamente conmovedora.

Pero de inmediato, Pedro percibe una oportunidad para ser Pedro y acota: «¿Qué de nosotros, que lo hemos dejado todo y te hemos seguido?». Ahora bien, como no podemos escuchar el tono de voz de Pedro, debemos tener cuidado al intentar constatar sus motivaciones. Por ejemplo, es totalmente posible que estuviera hablando por desesperación: «Jesús, sabes que nosotros de verdad *dejamos* cosas para seguirte, ¿no? Sabes que teníamos carreras y cosas en nuestros hogares, ¿no?». Sin embargo, dado lo que vemos en otras partes de los Evangelios sobre la impetuosidad de Pedro y su capacidad para proponerse como el héroe espiritual, es casi seguro que estuviera alardeando en este versículo. Un prometedor candidato a discípulo acababa de reprobar el examen básico de discipulado, así que Pedro le recuerda a Jesús quiénes son Sus pupilos estrella: «Jesús —dice Pedro, con la mirada fija en el horizonte, por las dudas que alguien esté registrando el momento para Instagram—, nosotros estuvimos dispuestos a dejar todo por ti. *Todo*». Ya está imaginando el museo que algún día se inaugurará para conmemorar esta abrumadora demostración de discipulado.

De cualquier manera, la respuesta de Jesús es asombrosa cuando nos detenemos a considerarla. El problema es que a menudo no lo hacemos. Como esta breve sección viene a continuación de un encuentro tan famoso, se suele pasar por alto en las notas bíblicas y los sermones. Cuando el predicador termina de explicar la ciencia de por qué un camello no puede pasar por el ojo de una aguja (aunque primero lo pases por una licuadora), no queda tiempo para meterse en este rápido intercambio entre Jesús y Pedro. Pero notemos algunas cuestiones clave.

Primero, Jesús da por sentado que las personas dejarán distintas cosas para seguirlo. Eso es discipulado básico. Es lo que siempre dijo. Me encanta esto de Jesús: nunca entierra cosas en la letra chica. Jesús es completamente franco respecto al costo de seguirlo. El discipulado es maravilloso, pero nadie dijo que sería fácil. Jesús no está pensando en cómo comercializar lo que dice; lo expresa tal cual es.

Segundo, Jesús supone que lo que más costará dejar atrás tendrá que ver con las relaciones y la familia, al tener que dejar atrás ciertos patrones de intimidad o a toda nuestra familia. Para algunos discípulos, este es el caso, literalmente. Personas de ciertos trasfondos saben que apenas sigan a Jesús, sus familias los rechazarán para siempre. Imagina eso. No poder volver a ver nunca más a tus hermanos. No saber cómo habrán sido tus sobrinos al crecer. No ver a tus padres, a tus parientes ni el hogar y la tierra donde creciste. Las palabras de Jesús no son metafóricas sino literales para muchísimas personas que lo siguen. Ser discípulo cuesta caro. A veces, cuesta *muy* caro.

Pero, tercero, observa cómo Jesús responde a todo esto. No les dice simplemente que aprieten los dientes y esperen que llegue el momento en el cual por fin todo habrá valido la pena. No. Jesús les muestra que valdrá la pena *incluso en esta vida*. No importa lo que alguien tenga que dejar atrás para seguirlo, Él lo reemplazará como solo Él puede hacerlo y en una medida mucho mayor. Incluso aquellos que dejan atrás a toda su familia por Jesús recibirán mucho más de Su parte... cien veces más.

Si puedo expresarlo de esta manera, este es el *verdadero* evangelio de la prosperidad. Jesús no nos promete una mayor riqueza y prosperidad si lo seguimos. No promete un brillante portafolio de propiedades si damos todo por Él. No dice que por cada dólar que le des, Él te devolverá cien. No. Así como se establece el costo en términos relacionales y familiares, también se establece la bendición. Jesús nos promete familia: «casas, hermanos, hermanas, madres, hijos y terrenos».[1] (Y sí, un acompañamiento de persecuciones; las hayamos pedido o no. Sencillamente, vienen como parte del paquete).

Es una promesa extraordinaria. Cualquiera sea el costo relacional del discipulado, no importa cuánta familia podamos perder por seguir a Cristo, Jesús está diciendo que incluso en esta vida, valdrá la pena. Seguirlo supone una abundancia de familia espiritual. La naturaleza tal vez nos haya dado solo una madre y un padre, pero el evangelio nos da mucho más.

Por más sorprendentes que parezcan, las palabras de Jesús son en realidad una expansión de lo que Dios siempre prometió hacer. Es más, representan lo que Él es, como nos recuerda el Salmo: «Dios ubica a los solitarios en familias» (Sal. 68:6, NTV).

Es fácil leer este versículo así y pensar: «Ah... qué lindo que Dios haga eso». Pero la realidad es que representa un verdadero desafío, porque nosotros somos las familias del Salmo 68 en las cuales Dios coloca a los solitarios. Nosotros somos las madres y los padres, las hermanas y los hermanos, y los hijos y las hijas que Jesús promete en Marcos 10. Esto hace que la promesa de Jesús sea sumamente inusual: en cierto sentido, depende de nosotros para cumplirse. Los que de otra manera estarían solos son injertados a la vida comunitaria de Su pueblo. Cuando Dios atrae personas hacia Sí, las atrae a otras también. El pueblo de Jesucristo debe ser una familia.

Vemos esto reflejado en todo el Nuevo Testamento, donde constantemente se habla de la iglesia como una familia. Uno de los términos preferidos del apóstol Pablo para la iglesia local es «la familia» o «la casa de Dios»:

> Por lo tanto, ustedes ya no son extraños ni extranjeros, sino conciudadanos de los santos y miembros de la familia de Dios (Ef. 2:19).
>
> Aunque espero ir pronto a verte, escribo estas instrucciones para que, si me retraso, sepas cómo hay que portarse en la casa de Dios, que es la iglesia del Dios viviente (1 Tim. 3:14-15).

Esta expresión no debe ser tomada como algo nominal. En los círculos de las iglesias, es común utilizar estas palabras, llamándonos unos a otros «hermanos», sin en realidad considerarlo seriamente. Pero no se trata de un término honorario. Tampoco es «un poco de buenas RR. PP.»[2] para que nuestras iglesias parezcan un lugar amistoso. Es algo real y debe vivirse como tal.

Pablo nos da un ejemplo de lo que esto puede implicar en la práctica. Al escribirle a Timoteo, un joven pastor, Pablo declara:

> No reprendas con dureza al anciano, sino aconséjalo como si fuera tu padre. Trata a los jóvenes como a hermanos; a las ancianas, como a madres; a las jóvenes, como a hermanas, con toda pureza (1 Tim. 5:1-2).

Esto es revelador. Timoteo debía mirar a las personas de la iglesia como miembros de su familia, y tratarlas en consecuencia. Sin embargo, era más que eso. No solo debía tratarlas como familia, sino como familia *cercana*. Pablo no está diciendo: «Trata a los ancianos como a tíos abuelos» o «trata a los jóvenes como a primos lejanos». No son familiares lejanos, sino miembros de la familia inmediata.

Esto cambia todo. A la familia extendida la podemos ver de vez en cuando, tal vez una o dos veces al año en alguna reunión general. Percibes la conexión y es significativa, pero no hay una participación profunda en la vida de la otra persona. Sin embargo, la familia inmediata implica una conexión mucho más estrecha. Debemos apoyarnos unos a otros y descansar unos en otros. Tenemos un interés personal mutuo. Lo que le sucede a uno nos afecta a todos.

Esto tiene algunas implicaciones significativas para nuestra manera de ver la familia en general. Por cierto, tal vez hayamos sido bendecidos con una familia biológica y nuclear. Tal vez estás casado y tienes hijos. Este es un precioso regalo que trae responsabilidades solemnes. Sin embargo, no es la única clase de familia, ni el único grupo de personas al que le debes algo tan significativo. Si eres cristiano, la comunidad a la cual perteneces también es tu familia. Y aunque puede parecer que esto crea una tensión o una competencia, en realidad tiene que ser lo opuesto. Estas dos clases de familia están diseñadas para superponerse y entrelazarse, de manera que cada una ayude a la otra a florecer como no podría hacerlo sola.

En mi parte del mundo (el sur de Inglaterra), así como en muchas otras partes relativamente prósperas de Occidente, se supone que la familia nuclear es la unidad básica en la cual uno tiene que vivir. Si tienes una, estás resuelto; si no la tienes... bueno, la necesitas. Y como este es el caso, muchas personas sencillamente creen que estas unidades familiares deben ser independientes y autosuficientes. Se aspira a tener una esposa o un esposo, 2 o 5 hijos, un perro labrador negro y una linda casa. Una vez que todo eso se adquirió, tienes lo que necesitas para vivir, y ya pueden subir el puente levadizo y vivir felices para siempre.

Una señal de esto es cómo estimamos la privacidad cada vez más. Cuanto más ricos nos volvemos, más demarcamos y separamos físicamente a nuestra unidad familiar del resto del mundo. El metafórico puente levadizo se vuelve cada vez más literal, a medida que podemos pagarlo. Queremos que nuestra vida familiar esté aislada. Esta actitud fácilmente penetra en la iglesia también.

Sin embargo, la familia nuclear autosuficiente no es un concepto que vemos en la Biblia. En cambio, vemos que nuestra familia espiritual necesita de nuestra familia biológica, y que nuestra familia biológica necesita de nuestra familia espiritual. Si la iglesia es nuestra familia, entonces los límites de nuestra familia física deberían ser porosos y flexibles, en lugar de demarcados e inviolables.

Es fácil ver cómo esto puede ayudar a los que somos solteros. Puede ser de gran bendición participar de la vida familiar física de otros.

Lo he visto en mi vida de muchas maneras. Hay algunas familias con las cuales tengo una relación particularmente cercana. Una o dos de ellas, con hijos más pequeños, me preguntan a menudo si me gustaría participar de la rutina de la hora de ir a dormir, desde cepillarles los dientes a los niños hasta leerles una historia de las buenas noches y orar con ellos. Es muy divertido. La hijita de un amigo me suele pedir que lo haga, ya sea que yo me haya ofrecido o no. Ahora bien, no todos los solteros son como yo. Para algunos, arremangarse y participar de los ritmos de la familia de otra persona tan solo les recordará que no tienen una familia propia. Pero en mi caso, disfruto de formar parte de esta rebanada de vida familiar.

Hace poco, otra familia con la cual paso mucho tiempo se dirigía hacia una semana que sabía que sería muy ajetreada, así que les ofrecí ayudar con las idas y venidas a la escuela durante varios días. Supuse que sería una cosa menos que tendrían que organizar.

«¡No podríamos pedirte que hicieras eso!».

«No lo hicieron; yo me ofrecí», respondí.

Para ellos, es una tarea cotidiana, pero para mí era una novedad hacerlo durante algunos días. Nunca tengo que llevar a nadie a la escuela. Algunos solteros disfrutamos de las cosas que para los padres son parte de la rutina prosaica de la vida diaria. Además, es una excelente manera de charlar con sus hijos y descubrir cómo les va en la escuela. Así me entero de quiénes son sus amigos y qué clases les gustan y no les gustan (además, aprendo los últimos coloquialismos). Sé cómo orar por ellos mucho mejor incluso después de un breve viaje en el auto.

Otras veces, voy de visita y cocino para todos. Por más que me encanta recibir gente en casa, a veces es mucho más práctico para mí cocinar en la casa de la familia que lograr que vengan todos a mi casa al mismo tiempo. Es una manera de pasar tiempo juntos sin alterarles demasiado la rutina.

Cosas como estas hacen que una familia sea inclusiva. No solo te invitan a pasar un rato; te abren su vida de famlia y te permiten participar. Andrea Trevenna describe otra manera en la cual las familias pueden reflejar esta visión más porosa de la vida familiar:

> Me encanta cuando voy a las casas de amigos casados y veo no solo (o ni siquiera) sus fotos de bodas, de sus hijos y fotos navideñas familiares, sino también fotografías de otras familias y amigos (a veces, ¡incluso estoy yo!). Esto me recuerda que «famlia» no solo significa la familia nuclear, que no estoy sola y que como cristiana soy parte de una maravillosa familia más amplia.[3]

Esto puede parecer un poco extraño, pero me reconforta que las familias se sientan cómodas como para discutir cuando yo estoy ahí. No significa que sea necesariamente divertido estar ahí cuando sucede, pero confirma que me ven como parte de la vida normal. Ninguno está cuidando su conducta cuando estoy ahí. A veces, *no* hacer algo especial cuando viene una visita es lo que la hace sentir más especial y en casa. No se les presenta una versión mejorada de la vida familiar; se los incluye en la vida real, tal cual es.

Por supuesto, esto también sirve para ayudar a los solteros a darse cuenta de que la vida familiar no es idílica. Por cierto, hay momentos donde todos los hijos son adorables y precoces. Pero en otros, hay una batalla campal. Lo mismo sucede con los matrimonios. He visto suficientes matrimonios de cerca como para saber que no todo es color de rosa. Las parejas no viven «felices para siempre» una vez que dicen sus votos. Esto ayuda a los solteros a ver una imagen realista de cómo suele ser la vida del otro lado de la cerca.

Esta es la diferencia entre la expresión bíblica de la hospitalidad y lo que la cultura occidental suele interpretar. Demasiado a menudo, no estamos practicando la hospitalidad sino entreteniendo visitas. Estamos dando un buen espectáculo. Le estamos mostrando a alguien la versión de Instagram de nuestra vida de hogar, en vez de la versión real. Esto se ve en la realidad de que la hospitalidad se ha vuelto infrecuente y extravagante. Pero en la Biblia, la hospitalidad implica abrir nuestra vida real a los demás (a menudo y especialmente al extraño), e invitarlos a entrar. Estrictamente hablando, no hace falta un lugar físico al cual invitar a las personas (el cual, en las ciudades, cada vez escasea más). Se trata de vivir junto a los demás, donde sea y como sea que lo hagamos.

Esto es algo a lo cual todos somos llamados. Algunos tendrán un ministerio particular en esta área, pero se les exige a todos los creyentes:

> Alégrense en la esperanza, muestren paciencia en el sufrimiento, perseveren en la oración. Ayuden a los hermanos necesitados. Practiquen la hospitalidad (Rom. 12:12-13).

Claramente, la hospitalidad es importante. Pablo la coloca a la misma altura que la oración y la ayuda a los pobres, como una obligación para todos los cristianos. Pedro dice algo similar:

> Practiquen la hospitalidad entre ustedes sin quejarse (1 Ped. 4:9).

Pedro no solo nos recuerda que necesitamos hacerlo, sino también que debemos hacerlo sin quejas. Tenemos que hacerlo con alegría. Pedro no se refiere tanto a hacer *cierta clase de cosa,* sino a ser *cierta clase de persona*: alguien que esté dispuesto y feliz de compartir la vida y su hogar con los demás. Incluso es lo suficientemente importante como para ser un requisito para cualquiera en el liderazgo de la iglesia:

> Así que el obispo debe ser intachable, esposo de una sola mujer, moderado, sensato, respetable, hospitalario, capaz de enseñar; no debe ser borracho ni pendenciero, ni amigo del dinero, sino amable y apacible (1 Tim. 3:2-3).

He visto a personas quedar descalificadas del liderazgo de la iglesia debido a un problema con el alcohol o a la infidelidad matrimonial, pero nunca escuché que se considerara la hospitalidad como requisito para un candidato a pastor. No obstante, Pablo la enumera junto a estas otras cuestiones como un factor no negociable.

Al llamarnos a la hospitalidad, el Nuevo Testamento no nos exige que le agreguemos más a nuestras agendas ya sobrecargadas, sino que nos pide que pensemos en maneras de integrar a otros a lo que ya estamos haciendo. Esto puede tener un gran impacto:

> No se olviden de practicar la hospitalidad, pues gracias a ella algunos, sin saberlo, hospedaron ángeles (Heb. 13:2).

Esto hace referencia a algo que le sucedió a Abraham, cuando hospedó a unos forasteros sin darse cuenta de que en realidad eran el Señor y Sus ángeles (Gén. 18:1-8). Lo que está diciendo el escritor de Hebreos es que la hospitalidad es algo que Dios puede usar de muchas maneras que jamás podríamos esperar. Nunca debemos subestimar lo que puede lograrse para el reino de Dios alrededor de la mesa de la cocina. Es un lugar que a Dios le encanta usar.

La importancia y el impacto de la hospitalidad no deberían sorprendernos. No tiene nada de arbitrario que esto sea un requisito para los cristianos, o que a Dios le guste usar esto de manera tan poderosa. Si lo pensamos, la hospitalidad es una expresión profunda de lo que es el evangelio. Refleja con exactitud lo que Dios hizo por nosotros. Mira cómo Pablo describe la obra de Cristo:

> Recuerden que [...] estaban separados de Cristo, excluidos de la ciudadanía de Israel y ajenos a los pactos de la promesa [...]. Pero ahora en Cristo Jesús, a ustedes que antes

estaban lejos, Dios los ha acercado mediante la sangre de Cristo (Ef. 2:12-13).

En otras palabras, todos fuimos salvos por la divina hospitalidad. Estábamos lejos de Dios, pero ahora somos llevados a Su presencia, a Su propia casa. Dios nos ha recibido y nos ha ofrecido un lugar en Su mesa. Y todo esto fue posible gracias a la sangre de Cristo. Él quedó abandonado y excluído para que nosotros pudiéramos ser integrados. La señal de que hemos recibido esta clase de hospitalidad es que se la ofrecemos a los demás.

A veces, es fácil para los solteros pensar que las familias tienen que tomar la iniciativa, y sin duda, a veces es más fácil para una familia poner un plato extra de comida que para el soltero que tiene que cocinar para cuatro o cinco personas más, pero eso no quiere decir que nos tenemos que quedar de brazos cruzados esperando que las familias sean las únicas en movilizarse. Tenemos que encontrar maneras de acompañar y tomar la iniciativa también.

Pero para aquellos que sí tenemos una familia física, vale la pena preguntarnos a quién solemos incluir en nuestra vida familiar, con quién nos estamos abriendo. Si tenemos una habitación extra, ¿la estamos usando como un hogar para otra persona? No todas las familias podrán abrirse al mismo punto y de la misma manera, pero sospecho que muchos de nosotros podríamos estar haciendo más, quizás mucho más, de lo que hacemos.

Vuelve a mirar la bendición de «cien veces más» que promete Jesús:

—Les aseguro —respondió Jesús— que todo el que por mi causa y la del evangelio haya dejado casa, hermanos, hermanas, madre, padre, hijos o terrenos recibirá cien veces más ahora en este tiempo (casas, hermanos, hermanas, madres, hijos y terrenos, aunque con persecuciones); y en la edad venidera, la vida eterna (Mar. 10:29-30).

Piensa un momento en las «casas» y los «terrenos» de los que está hablando Jesús. No les está ofreciendo a Sus seguidores un portafolio de propiedades cada vez más abultado. No está hablando de bienes raíces, sino de algo mucho más precioso: de hogares que se comparten. Así como somos las madres y los padres, los hermanos y las hermanas, y los hijos y las hijas que les está prometiendo a los que no los tienen, también tenemos que proveer casas y terrenos.

Así que medita en esta pregunta un momento: Además de algún que otro vecino en caso de emergencia, ¿quién más tiene la llave de nuestra casa? En otras palabras, ¿hay alguien además de los que comparten tu apellido al que consideres verdaderamente como familia? ¿Alguien que sea lo suficientemente parte de la familia como para tener la libertad de ir y venir en cualquier momento, sin invitación ni aviso previo, tal como lo hacen los de tu propia sangre?

Una pareja a la cual conozco muy bien hizo justamente esto por mí hace poco: me dieron la llave de su departamento. «Ahora tienes una llave… eres parte de la familia». No lo hicieron como si fuera un momento grandioso; simplemente, me arrojaron la llave. Pero para mí, fue sumamente significativo. Me conmovieron muchísimo. Y no es la primera vez que alguien ha hecho esto por mí.

Gran parte de este libro se escribió en un escritorio que se transformó en un lugar de trabajo habitual en la casa de un amigo que vive a algunas horas de mi casa. Se transformó en mi segundo hogar. Es un lugar maravilloso. Desde que llego hasta que me voy, el perro no se separa de mí, sino que me acompaña fielmente de habitación en habitación. Los gatos registran dónde estoy y, al rato, y a menudo en silencio, se estacionan cerca también. Una de ellas decide que ya trabajé demasiado por el momento y se despereza sobre mi computadora portátil, para que mis dedos queden libres para acariciarla. Cuando el perro se da cuenta de la oportunidad de jugar, se pone de pie de un salto y mueve la cola contra todo lo que encuentra a su paso (incluso los gatos), y todos nos vamos a explorar el bosque afuera unos minutos.

El afecto de los animales por sí solo es maravilloso, pero la familia es la que me hace sentirme en casa. Hace muchos años que somos amigos, y hemos atravesado profundas tragedias y alegrías maravillosas juntos. Al poco tiempo de mudarse allí, no solo me invitaron a visitarlos, sino que me dijeron que querían que dejara algo de ropa y artículos de tocador en uno de los armarios, para que no tuviera que empacar para futuras visitas. Así que, aunque no soy dueño de ni un metro cuadrado en ninguna parte del mundo, resulta que tengo muchos hogares y terrenos.

Como lo expresa mi amiga Rosaria Butterfield: «El evangelio viene con la llave de la casa».[4]

También tengo hijos e hijas, en cierta manera.

Hace un tiempo, me hospedé en la casa de otra familia que conozco bien. Los niños acababan de empezar el año escolar, y la noche antes del primer día de clases, la escuela primaria local tuvo una noche de inauguración, para que las familias fueran con sus hijos a conocer a los maestros y romper el hielo después de las largas vacaciones de verano. Los mellizos de once años de mis amigos insistieron en que yo fuera también, ya que querían mostrarme su escuela. Uno de ellos sentía un poco de recelo de volver a la escuela, así que yo quería hacer algo para ayudar. Pero resultó ser que los mellizos no solo querían que yo viera dónde iban a la escuela; querían que cada uno de sus maestros conocieran a su amigo inglés. Fue muy conmovedor.

Quizás parezca que el beneficio es unilateral. Pero en realidad, todos ganan. El año pasado, di una charla sobre este tema a un grupo de pastores en otra región del país. Uno o dos días después, alguien que casi no conozco me escribió. Él no había estado en la reunión ni es pastor, pero quería agradecerme por lo que yo había dicho. Es un hombre soltero, y uno de los pastores que estaba en la reunión era su amigo y acababa de darle la llave de su casa. Unos meses más tarde, alguien se me acercó y me dijo que había estado en esa misma conferencia. Resultó ser que era el pastor que había dado la llave de su casa. Quería agradecerme por el desafío, porque había sido una gran bendición que su amigo participara más de la vida de la familia.

La realidad es que es bueno para las familias que otros se integren a su vida. Esta inclusión no ayuda solo a las personas que incluyes, sino también a la familia. Así fue como Dios lo diseñó: las familias físicas y espirituales a las cuales pertenecemos se necesitan mutuamente. No es solo que los demás necesiten de tu familia biológica; tu familia biológica también los necesita. Los límites de tu familia tienen que ser porosos justamente por el bien de tu familia.

Esto funciona en muchas maneras. Una vez, una madre me dijo que le encantaba pasar tiempo con los solteros de la iglesia. Me dijo que le resultaba demasiado fácil rodearse de otras madres con hijos de edades similares a los de ella. Aunque compartir las similitudes tiene su valor (se pueden comparar notas y animarse unos a otros), el peligro es que la crianza puede absorber toda la vida y la identidad del padre. Esta madre dijo que juntarse con solteros le recordaba que había mucho más en la vida más allá del ámbito de la crianza de los hijos. Ponerse al día con los solteros que conoce le permite no perder el contacto con el mundo más amplio, con el cual percibe que podría perder el contacto fácilmente.

También pienso en las oportunidades que tengo como soltero de animar a mis amigos casados (que son la mayoría). Una de las maneras en que puedo usar mi soltería es comprometerme a orar por ellos como esposos. No tengo experiencia personal en el matrimonio como para ofrecerles, pero conozco bien lo que la Escritura dice, como para saber adónde deberían apuntar como esposos y cuánto necesitan apoyo y rendición de cuentas para llegar ahí.

Pero la participación de otros en la vida de la familia puede ayudar particularmente a los niños. Todavía recuerdo la primera vez que me pidieron que fuera padrino. Tenía poco más de 20 años de edad, y una pareja un poco mayor con la cual habíamos sido buenos amigos se estaba preparando para recibir a su segundo hijo. Me pidieron que fuera su padrino. Lo que me impactó fue la razón. Me dijeron que no se trataba de los cumpleaños ni los regalos (menos mal; si su edad correspondiera a la cantidad de cumpleaños que he recordado, sería la única niña de dos o tres años con licencia de conducir). En cambio, me dijeron: «Necesitamos que ores por nosotros como padres. Y también queremos que seas alguien con el cual ella pueda hablar cuando sea más grande y no sienta que puede hablar con nosotros».

Suponían que habría momentos en la vida de su hija en los cuales tal vez no serían las personas indicadas para hablar con ella. Me pareció algo muy sabio. La realidad es que no hay dos padres que puedan ser todo lo que sus hijos necesitan. Afirmar esta realidad no debería ser algo controversial, pero a menudo siento que las congregaciones se erizan cuando lo digo. Tendría que ser algo evidente. Todos los padres son limitados, y todos los padres son pecaminosos. No pueden esperar ser lo mejor en todo lo que sus hijos necesitarán. Una vez más, vemos el mito de la familia autosuficiente. Los padres pueden tener la idea poco realista de que sus hijos son perfectos. (Como alguien lo dijo alguna vez, los que llaman a su bebé un «angelito», claramente no entienden ni a los bebés *ni* a los ángeles).

Los padres también pueden tener una idea poco realista de lo que su crianza puede lograr. Todo padre tiene áreas de capacidad natural y áreas de debilidad natural. Ninguno de nosotros es un ser humano pleno y completo en sí mismo. Así que todo padre tiene puntos ciegos. Un niño que obtiene su enseñanza espiritual solo de parte de sus padres tan solo recibirá una versión algo incompleta o sesgada de la vida cristiana. Como ningún padre logrará sobresalir en todos los aspectos, que los niños puedan aprender de otras personas en la familia de la iglesia no es un lujo sino una necesidad. Lo ideal sería que los líderes de jóvenes y niños se hicieran cargo de esta función de manera natural en la iglesia. Pero también es bueno que los amigos de la familia participen de la formación espiritual de los hijos. Así, los niños pueden ver en los detalles de cómo viven los demás que esta cuestión del cristianismo no es simplemente algo que sus padres creen, sino que hay otros que también siguen a Jesús. Y como cada pareja y cada familia tienen sus propias extravagancias, la participación de tíos y tías honorarios puede tener un efecto moderador. Como observa Ray Ortlund: «Nuestros diversos trasfondos familiares nos han dejado a cada uno de nosotros al menos un poquito raros».[5] Hace falta humildad para reconocerlo, pero tus hijos tienen una posibilidad mucho mejor de crecer equilibrados si no eres su única referencia en la vida.

Además, esta es una de las maneras en que vemos la promesa de Jesús en Marcos 10, de que a los discípulos se les daría hijos como resultado de seguirlo. Como ya he dicho, es un privilegio maravilloso participar de la vida familiar de algunos de mis amigos. Que nos den cualquier clase de rol espiritual en la vida de los niños implica una responsabilidad enorme. Los padres deben tener cuidado al pensar quién tendrá esta clase de participación. Especialmente en esta época, somos demasiado conscientes del peligro de que las personas equivocadas se metan en nuestra vida familiar. Nuestros hijos son vulnerables. Es bueno tener esto en cuenta y discernir a quién le permitiremos que tenga llegada a ellos. Pero, aunque esto representa un peligro significativo, no es lo único que existe. Aunque una clase nociva de influencia presenta una preocupación justificable, lo mismo sucede con no tener ningún tipo de influencia.

En un par de semanas me voy de vacaciones, y no veo la hora. No es porque haya estado ocupado y quiera hacer una pausa (aunque sí lo he estado, y sí quiero). Tampoco es porque me vaya a ningún lugar glamoroso o exótico. La gente me hace bromas sobre el lugar donde planeo vacacionar. Muchos de ellos viven ahí. No necesito ninguna vacuna para que me permitan el acceso y no corro el riesgo de encontrarme con ninguna celebridad. Voy a una de las partes menos glamorosas de Reino Unido. No, lo que más me entusiasma es con quién voy. Todos los años, un grupo de unas quince personas vamos a algún lado juntos una semana. Hace unos quince años que lo hacemos, con algún agregado o alguien que no ha ido de vez en cuando. En general, somos dos familias, con seis hijos en total, de cinco a quince años de edad, y tres o cuatro solteros.

Lo pasamos genial. Somos un grupo grande, así que no tenemos por qué hacer todo juntos. Si alguien quiere tiempo a solas, fácilmente puede escabullirse sin parecer antisocial. Lo que quieren hacer los más chicos no necesariamente es lo mismo que quiere el resto del grupo. A un par de los muchachos les encantan los trenes de vapor y, por alguna razón, tienen que pasar al menos un día de la vacación a bordo de alguna locomotora de vapor que el resto del mundo alegremente dejó atrás hace varias generaciones. (Admito que, en secreto, a todos nos encanta). También pasamos uno o dos días en la playa, y algún otro en el cual nos quedamos en la casa.

Lo que hace que funcione es que todos ganan. A los padres les encanta, ya que les da un descanso de cocinar para toda la familia todos los días, y tienen a otros adultos con los cuales ponerse al día. A los niños les encanta porque siempre hay alguien con quien estar y jugar. Y a los solteros como yo nos encanta, ya que nos da una excusa para hacer la clase de cosas que solo podemos hacer si hay niños alrededor, como hacer castillos de arena o fuertes de defensa contra la marea. Es una de mis semanas preferidas del año. Es una vacación familiar, más allá de que tengamos o no una familia estrictamente hablando.

Cómo Jesús proporciona una familia

Hace un tiempo, estaba planeando una serie de sermones sobre la carta de Pablo a Tito. El primer sermón hablaba de los primeros cuatro versículos, donde Pablo se presenta y saluda a su receptor. Es la parte de las cartas del Nuevo Testamento que solemos pasar por alto camino al contenido principal, así que me pareció interesante hacer una pausa y predicar todo un mensaje sobre lo que Pablo tenía para decir sobre sí mismo y su amigo Tito. Al detenerme y observar el detalle de versículos conocidos, suelo aprender lecciones significativas.

Tomemos la descripción de Pablo de sí mismo:

Pablo, siervo de Dios y apóstol de Jesucristo... (Tito 1:1).

No es inusual respecto a lo que Pablo suele decir sobre sí mismo, pero sí es radical si nos detenemos a considerarlo. «Siervo», según señala la nota al pie de mi Biblia, en realidad significa «esclavo». Un «apóstol» es alguien especialmente autorizado por Jesús para hablar y escribir de Su parte. Lo interesante es la naturalidad con la cual Pablo entrelaza la servidumbre y la autoridad. Es una manera distintivamente cristiana de pensar. Algunos de nosotros somos padres, jefes o líderes de grupo en la iglesia, o simplemente cabecillas naturales que los demás tienden a seguir. Pero si somos cristianos, esto significa que debemos usar esa autoridad exclusiva y principalmente para el bien de los demás. Ese es el patrón que nos fue dado en Cristo, el cual expresó una autoridad absoluta a través de una servidumbre absoluta. Es lo que se adueñó de Su apóstol, y lo que debe adueñarse de nosotros, de manera que tratemos cualquier posición natural que se nos dé en la vida como un medio de gastarnos por el bien de otros, en vez de por nosotros mismos.

Ese versículo me dio mucho para pensar. Sin embargo, lo que me resultó más asombroso aún fue lo que Pablo dijo sobre Tito:

> A Tito, mi verdadero hijo en esta fe que compartimos... (Tito 1:4).

Una vez más, Pablo comprime una gran verdad en pocas palabras. (Pablo habría sido excelente con Twitter). Si no hubiera sido porque tenía que sacar medio sermón de estas palabras, probablemente no las habría mirado tan de cerca. Pero realmente se volvieron transformadoras. Pablo no describe a Tito como «mi querido compañero de trabajo y colega»; ni siquiera como «mi querido amigo». Lo llama «mi verdadero hijo».

Esto desafía nuestra visión habitual de Pablo. Solemos pensar que era soltero, nunca se casó y no tenía hijos. Pero eso no es del todo cierto. Pablo *era* soltero. Nunca se casó. Pero *sí* tenía hijos. Tito es su «verdadero hijo». Y no es un equivalente del primer siglo a lo que hoy sería: «Oye, chico». Pablo literalmente describe a Tito como su *hijo legítimo*. No son palabras ilusorias como para que Pablo se sienta mejor con su soltería. Es algo real. Pablo había guiado a Tito a la fe en Cristo. Algo generativo sucedió como resultado del ministerio de Pablo a él. Tito no solo era un compañero creyente de Pablo, ni un mero hermano en Cristo. Espiritualmente, se había transformado en el hijo de Pablo.

A veces, la soltería es difícil. Uno de esos momentos puede ser cuando llegas a la edad en la que casi todos tus amigos tienen hijos y tú no. (Por supuesto, esto también puede ser doloroso para las parejas que no tienen hijos). Me di cuenta de esto hace unos años en la boda de un buen amigo. Estaba mirando cómo el padre de la novia bailaba con su hija. La hermana me había dicho que el hombre había tomado varias clases de baile especialmente para la ocasión. Él quería poder compartir este momento con su hija, un último momento paternal antes de que ella empezara un nuevo hogar y una nueva vida familiar con su esposo. Fue hermoso verlo. Pero también me dolió. Me di cuenta de que nunca tendría una hija con la cual bailar en el día de su boda. No sé por qué me di cuenta de repente... nunca antes se me había ocurrido. Pero ahí estaba, y me cortó hasta la médula.

Otra amiga soltera me contó que, en su caso, se dio cuenta de esto mientras estaba con una amiga mirando fotografías de la graduación de su hija. En ese momento, de repente se dio cuenta: nunca celebraría la graduación de un hijo propio. Podría ser un sinnúmero de cosas para cada uno de nosotros. Un momento repentino e inesperado de duelo. Así que un versículo como este en Tito nos brinda un maravilloso aliento. Hay una clase de paternidad disponible para nosotros, incluso como solteros que nunca se casaron. Tito es el hijo de Pablo.

Y resulta ser que no era hijo único. Pablo tuvo muchos hijos. Mira lo que dijo sobre Timoteo:

> a Timoteo, mi verdadero hijo en la fe... (1 Tim. 1:2).
> A mi querido hijo Timoteo... (2 Tim. 1:2).
> Así que tú, hijo mío... (2 Tim. 2:1).
> ... Timoteo, mi amado y fiel hijo en el Señor... (1 Cor. 4:17).

Pablo incluso pudo transformarse en padre espiritual mientras estaba encarcelado. Le escribió a Filemón: «Te suplico por mi hijo Onésimo, quien llegó a ser hijo mío mientras yo estaba preso» (Filem. 10). Es más, la paternidad de Pablo estaba tan difundida que incluso llegó a ser padre de iglesias enteras:

De hecho, aunque tuvieran ustedes miles de tutores en Cristo, padres sí que no tienen muchos, porque mediante el evangelio yo fui el padre que los engendró en Cristo Jesús (1 Cor. 4:15). Queridos hijos, por quienes vuelvo a sufrir dolores de parto hasta que Cristo sea formado en ustedes (Gál. 4:19).

Sin embargo, sería un error pensar en que esto era alguna clase de premio de consuelo sensiblero para los que se perdían la paternidad real. Tito era el hijo real de Pablo, «mi verdadero hijo». No una clase o una especie de hijo, ni ningún equivalente, sino *legítimo*.

Nada de esto pasó de manera inesperada. La trayectoria de la Escritura venía señalando en esta dirección durante mucho tiempo. Hace mucho, Dios le dijo a Su pueblo que hay una bendición para el que no tiene hijos, incluso mayor que los hijos físicos:

Porque así dice el Señor: «A los eunucos que observen mis sábados, que elijan lo que me agrada y sean fieles a mi pacto, les concederé ver grabado su nombre dentro de mi templo y de mi ciudad; ¡eso les será mejor que tener hijos e hijas! También les daré un nombre eterno que jamás será borrado (Isa. 56:4-5).

Esta perspectiva explica la intrigante respuesta de Jesús a una mujer que clamó desde una multitud sobre lo bendita que era María por ser Su madre:

Mientras Jesús decía estas cosas, una mujer de entre la multitud exclamó: —¡Dichosa la mujer que te dio a luz y te amamantó! —Dichosos más bien —contestó Jesús— los que oyen la palabra de Dios y la obedecen (Luc. 11:27-28).

Los hijos son una gran bendición. La Biblia lo destaca una y otra vez. Sin duda, los hijos son una gran responsabilidad, pero también son un regalo maravilloso de parte de Dios.

Pero si alguna madre tenía razón para que la llamaran «dichosa», esa era María. Tuvo todas las alegrías normales de la maternidad: un bebé rozagante, la emoción del primer diente y los primeros pasos. Pero además, tuvo una bendición única. Su hijito era nada más y nada menos que el eterno Hijo de Dios. Aquel al cual llevó en su vientre y que después amamantó era Dios en sí. Podemos imaginar cómo el boletín familiar navideño de María dejaba muy atrás al de todos los demás. Con razón esta mujer en la multitud le gritó esto a Jesús. María era dichosa.

Sí que lo era. Y de una manera única. Pero la mayor bendición de María es algo que todos nosotros podemos compartir con ella. Jesús dice que hay una bendición mayor que la de un padre, incluso que la de criar al Hijo de Dios. Esta bendición es la de ser un cristiano obediente. Si escuchas la Palabra de Dios y guardas sus mandamientos, eres más dichoso que cualquier padre de cualquier hijo. Sin embargo, hay más.

Si la bendición de hijos físicos no es de por sí la bendición más grande, entonces los hijos físicos no son la única clase (ni siquiera la principal) de hijos que podemos tener. Los hombres y las mujeres producen hijos físicos. Pero el evangelio también produce hijos. Lo vemos en la manera en que Isaías anuncia la muerte de Jesús:

> Pero el Señor quiso quebrantarlo y hacerlo sufrir, y, como él ofreció su vida en expiación, verá su descendencia... (Isa. 53:10).

Con respecto a estas palabras, John Piper escribe:

> Cuando el Mesías muere como «expiación» por la culpa y surge una vez más para «[prolongar] sus días» para siempre, Él es ese gran acto salvador que producirá muchos hijos: «Verá su descendencia». En otras palabras, el nuevo pueblo de Dios

formado por el Mesías no se formará mediante la procreación física sino a través de la muerte expiatoria de Cristo.[6]

El resultado de esto es que aquellos que se lamentan por no poder reproducirse físicamente pueden conocer la bendición de participar en la producción de hijos espirituales. Como Piper sigue diciendo: «Los solteros en Cristo no tienen ninguna desventaja a la hora de tener hijos para Dios y, en cierto sentido, tienen una gran ventaja».[7] Por eso Pablo habla de Tito y de otros como sus hijos.

Isaías nos muestra una distinción aún mayor entre la progenie física y la espiritual:

«Tú, mujer estéril que nunca has dado a luz, ¡grita de alegría! Tú, que nunca tuviste dolores de parto, ¡prorrumpe en canciones y grita con júbilo! Porque más hijos que la casada tendrá la desamparada —dice el Señor—» (Isa. 54:1).

No solo la mujer estéril podrá regocijarse al poder tener hijos; esos hijos serán, en cierta manera, «más» que los que nacen de manera física. Esto no solo habla de las multitudes que podemos dar a luz en Cristo (como hizo Pablo), sino también del alcance del legado que produce esta clase de paternidad espiritual. Barry Danylak concluye:

Al igual que la mujer estéril de Isaías, el legado de Pablo fue más grande que el de cualquier padre físico, porque la progenie de Pablo fueron aquellos engendrados en Cristo a través del poder ilimitado del evangelio para una herencia eterna en el cielo.[8]

Dicen que la sangre atrae, pero la sangre de Jesús atrae aún más. Mejor que un legado de por vida es un legado eterno.

Esto abre la perspectiva de la paternidad para todos los solteros en Cristo. Más allá de nuestro estado civil, podemos engendrar hijos espirituales del evangelio. De esta manera, John Piper puede decir:

Pablo fue un excelente padre y nunca se casó. ¿Y acaso no tiene una hermosa palabra para las solteras en Cristo en 1 Tesalonicenses 2:7, cuando escribe: «los tratamos con delicadeza. Como una madre que amamanta y cuida a sus hijos»? Lo mismo podrá decirse de muchas mujeres solteras en Cristo: «Fue una madre excelente y nunca se casó».[9]

Vemos un ejemplo maravilloso de esto en la clásica historia de C. S. Lewis, *El gran divorcio*. El narrador es llevado por un guía al cielo, y en un momento, ve una enorme procesión.

Hay una fila de niños y otra de niñas; ve músicos, bailes, celebración y hasta ángeles gigantes. En el centro de todo, ve a una bella mujer, en cuyo honor se está dando esa fiesta. El guía explica que es una mujer de gran importancia. En la tierra, nadie la conocía; se llamaba Sarah Smith, y nunca había tenido hijos biológicos. Pero en el cielo, era «una de las grandes», y la gran cantidad de jóvenes que la flanqueaban eran en realidad sus hijos e hijas. El guía explica:

Todo joven o niño que se encontró con ella se transformó en su hijo, aunque tan solo se tratara del muchacho que le llevaba la carne a su casa. Toda joven que se encontró con ella se transformó en su hija [...]. Su maternidad era de una clase distinta. Todos los que se beneficiaban de ella volvían a sus padres naturales con un amor aún mayor por ellos.[10]

Sarah Smith no tuvo ningún hijo biológico en la tierra, pero fue una madre espiritual para muchos.

El mayor ejemplo de esta clase de paternidad espiritual es, por supuesto, Jesús mismo. La escritora Bethany Jenkins comenta:

Como cristiana, adoro a un hombre que fue, biológicamente, un padre sin hijos. Jesucristo nunca se casó ni tuvo hijos; sin embargo, dijo: «Aquí me tienen, con los hijos que Dios me ha dado» (Heb. 2:13). Y considera lo que el profeta dice sobre él: «y, como él ofreció su vida en expiación, verá su descendencia [...]. Después de su sufrimiento, verá la luz y quedará satisfecho» (Isa. 53:10-11). Jesús nunca tuvo un hijo en Sus brazos, pero sí engendró hijos, dio a luz a un pueblo (como yo y quizás tú) que ahora lleva su parecido familiar.[11]

En una serie reciente de tuits, Matthew Lee Anderson llegó a la conclusión de que la iglesia necesita pensar de manera más expansiva respecto al concepto de la paternidad:

Dentro de la comunidad de la iglesia [...], la «paternidad» es una vocación abierta a todos, incluidos los solteros y los infértiles. Es una forma eclesiásticamente centrada de cultivar amor paternal y maternal en su orientación más profunda; es decir, hacia el reino. Si esto es cierto, entonces hay aspectos de la paternidad que se les imparten a los solteros y los infértiles. No es un ámbito que les está vedado.[12]

Esto ayuda a responder una inquietud importante que a veces surge sobre la soltería en la iglesia: que de alguna manera representa un descuido de la responsabilidad dada a la humanidad al comienzo de la Biblia.

En el relato bíblico de la creación, apenas Dios crea a las personas, les encomienda la obra para la cual las creó:

Y [Dios] los bendijo con estas palabras: «Sean fructíferos y multiplíquense; llenen la tierra y sométanla; dominen a los peces del mar y a las aves del cielo, y a todos los reptiles que se arrastran por el suelo» (Gén. 1:28).

Estos portadores de imagen recién hechos recibieron instrucciones claras sobre su nuevo hogar. Debían dominarlo, según vemos más adelante en Génesis 2:15, en el sentido de cultivarlo y cuidarlo, de desarrollarlo y procurar su bien. Y debían llenarlo: «Sean fructíferos y multiplíquense». Estos portadores de imagen debían cubrir el planeta con esta imagen. Toda la tierra necesita el toque humano. Es un mundo grande, y en ese momento, había solo dos personas. Era necesaria una gran multiplicación.

Se lo suele llamar el «mandato creacional», la responsabilidad de la humanidad para con el mundo en el cual fuimos puestos. Representa nuestra vocación colectiva de parte de Dios. Para eso fuimos creados. Todos nosotros. Es algo importante. No es de extrañar que el trabajo constructivo (sea pagado o no) y el comenzar una familia signifique tanto para nosotros instintivamente. Fuimos diseñados para «ponernos la camiseta» y hacer lo que podamos para contribuir al constante bienestar de nuestra especie.

Entonces, la soltería fácilmente puede parecer un obstáculo para todo esto. Los que siempre seremos solteros no participaremos de la multiplicación que Dios nos encomendó. Yo estoy encaminado para permanecer sin esposa y sin hijos. Mi ramita del árbol familiar no continuará a través de mí. Seré un callejón sin salida genealógico. Un *cul-de-sac* genético. No contribuiré ningún otro Allberry al mundo.

Entonces, no es de extrañar que se suele pensar que los solteros no hacemos nuestra parte, espiritualmente hablando. El concepto mismo de la soltería es una amenaza para este aspecto continuo del mandato creacional. Aunque algunas personas no pueden evitar quedarse solteras, tal vez deberíamos hacer todo lo que podemos para que la cantidad de solteros sea la menor posible, y por cierto no recomendar la soltería.

Sin embargo, aunque indudablemente es cierto que no estoy ayudando de forma directa a llenar la tierra, esa no es toda la historia. Hay maneras menos directas en las cuales los solteros contribuimos a cumplir el mandato creacional. Multiplicarse y llenar es más que simplemente reproducirse. Muchas personas que no pueden tener hijos adoptan. Muchos que nunca tienen hijos (ya sea biológicos o adoptivos), igualmente juegan un rol vital en el cuidado y el sustento de otros. Quizás no esté produciendo una expansión demográfica directa, pero sí soy una parte vital en el crecimiento de otras personas a través de la amistad y de la participación en sus vidas (así como ellas son una parte vital de mi crecimiento). A medida que invertimos constructivamente en las vidas de los demás, contribuimos en forma tangible al mandato de la creación. Los hijos no solo tienen que nacer, sino también ser criados, enseñados, recibir sustento y cariño. En la mayoría de los casos, esto requiere de más personas que solo los padres. Tal vez no estemos añadiendo a la cantidad de personas que hay, pero espero que estemos contribuyendo de manera significativa a la calidad de las personas con las que está llena la tierra.

Y no solo estoy hablando de los niños, por supuesto. Seguimos cuidando y ocupándonos de otros a lo largo de toda nuestra vida. Esto también forma parte del proceso de «llenado».

Sin embargo, hay otro elemento en todo esto. Hay que leer el mandato creacional a la luz de la Gran Comisión. Debido a la caída, el mandato que se nos dio en la creación quedó algo incompleto. La humanidad está en rebelión contra su Creador, en consecuencia, la maldición recayó sobre el mundo. Génesis llama a la humanidad a hacer más personas, pero Jesús llama a Su nueva humanidad a hacer discípulos (Mat. 28:19-20). Para que la tierra sea llena de la imagen de Dios, las personas tienen que relacionarse con Aquel que es la imagen perfecta de Dios, Jesucristo, y parecerse cada vez más a Él. No podemos cumplir con la intención original del mandato creacional sin alcanzar a las personas con el evangelio y edificarlas en Cristo. Aquí es donde el mandato de Génesis 1 llega a su cumplimiento final. Y, como hemos visto, los solteros tienen un rol vital y directo que jugar en esto, al abrirse a la vida familiar del pueblo de Dios y, mediante la obra del evangelio, reproducirse espiritualmente y como hacía Pablo con Tito, poder describirlos como verdaderos hijos en la fe.

5

La soltería dificulta el ministerio

Ayer, alguien me enseñó a jugar al croquet. Si no conoces este juego, se usan mazos de madera para golpear bolas de madera y hacerlas pasar por distintos aros. Es muy representativo de los ingleses. Hay un lindo jardín donde las personas holgazanean y, de vez en cuando, alguien le pega a una pelota aquí o allá. Uno esperaría escuchar a los demás hablando de las colonias mientras alguien sacado de *Downtown Abbey* aparece a ofrecer el té de la tarde.

Pero debajo de la apariencia refinada, todo es sumamente estratégico. Ayer, jugamos en dos equipos. Yo empecé golpeando mi pelota lo más fuerte que podía en dirección al próximo aro, pero al parecer, el juego es más que eso. Mucho más. En un momento, uno de mis compañeros de equipo me detuvo y me sermoneó: «Si quieres ir *rápido,* juega solo. Si quieres llegar *lejos,* juega en equipo». Evidentemente, había descuidado al equipo.

Me dijo que era un proverbio chino, pero según mis investigaciones (mi rato con Google esta tarde), Al Gore dijo que provenía de África. Pero después, en un episodio de *30 Rock,* también dijo que se lo había inventado. De cualquier manera, es el tipo de lema de los seminarios corporativos, que se recitan mientras todos entonan: «La unión hace la fuerza», y alguien que parece Michael Scott, de *The Office,* te dice que en un equipo, la unión hace la fuerza.

Pero también es la clase de idea detrás de gran parte de lo que se cree sobre los solteros y el ministerio de la iglesia.

¿Los pastores tienen que estar casados?

La realidad es que no hay muchos solteros en el ministerio pastoral, y esto nos muestra un poco el porqué. *Si quieres ir rápido, juega solo. Si quieres llegar lejos, juega en equipo.* En muchos sentidos, esto es completamente comprensible. La Escritura nos da la expectativa de que los pastores serán personas casadas. Pablo describe de la siguiente manera los requisitos de aquellos que quieren servir como pastores:

> Así que el obispo debe ser intachable, esposo de una sola mujer, moderado, sensato, respetable, hospitalario, capaz de enseñar; no debe ser borracho ni pendenciero, ni amigo del dinero, sino amable y apacible. Debe gobernar bien su casa y hacer que sus hijos le obedezcan con el debido respeto; porque el que no sabe gobernar su propia familia, ¿cómo podrá cuidar de la iglesia de Dios? (1 Tim. 3:2-5).

Los pastores necesitan tener un don adecuado (poder enseñar) y un carácter adecuado, para no deshonrar el evangelio. Pero junto con esas dos estipulaciones, Pablo añade que el pastor debe ser «esposo de una sola mujer».

El pasaje mismo proporciona un fundamento para esto. La iglesia, al igual que el hogar familiar, es una casa. La manera en que el pastor ha manejado su propia casa dará alguna idea de cómo manejará la vida de la iglesia local. Las dos cosas son lo suficientemente análogas como para entender que la ineptitud en la primera daña la credibilidad para poder abordar con eficacia la segunda. Las presiones y las tensiones de manejar las dinámicas y la disciplina de la vida familiar son un buen terreno de prueba para el manejo de la casa a mayor escala que implica el ministerio pastoral.

Un fundamento similar surge en la carta de Pablo a Tito:

> El anciano debe ser intachable, esposo de una sola mujer; sus hijos deben ser creyentes, libres de sospecha de libertinaje o de desobediencia. El obispo tiene a su cargo la obra de Dios, y por lo tanto debe ser intachable: no arrogante, ni iracundo, ni borracho, ni violento, ni codicioso de ganancias mal habidas. Al contrario, debe ser hospitalario, amigo del bien, sensato, justo, santo y disciplinado. Debe apegarse a la palabra fiel, según la enseñanza que recibió, de modo que también pueda exhortar a otros con la sana doctrina y refutar a los que se opongan (Tito 1:6-9).

Una vez más, la expectativa de Pablo es que los pastores sean hombres casados. El pastor tiene que ser esposo de una sola mujer, y su vida de hogar debe apoyar la credibilidad de su ministerio. Pero hay otras razones por las cuales puede ser de beneficio para los demás que un pastor esté fielmente casado.

Un amigo mío aceptó la función de liderar un ministerio cristiano, y desde el principio quedó en claro que habría desafíos significativos a la hora de conducir al equipo e impartir la clase correcta de visión para el ministerio en general. Recuerdo que hablé con él varios meses después de que había asumido su función, y me dijo cuánto le había ayudado su matrimonio a afrontar algunos de esos desafíos. Según él, tenía una capacidad emocional mucho mayor gracias a su matrimonio. Podía afrontar más de lo que habría podido por su cuenta. El apoyo emocional y la protección de su esposa le permitían abordar desafíos a los que probablemente no habría sobrevivido como soltero. Si quieres ir rápido, juega solo. Si quieres llegar lejos, juega en equipo. Muchos otros tienen testimonios similares.

El líder cristiano Al Mohler reflexionó sobre la diferencia que marcó estar casado en sus comienzos como pastor:

> Cuando estaba comprometido para casarme, me llamaron a pastorear una pequeña iglesia rural. Esta dulce iglesia se arriesgó con un joven estudiante del seminario, que estaba ansioso por casarse y que no veía la hora de que llegara el momento. Doy fe de que mi ministerio fue transformado apenas volví a la iglesia con Mary, mi esposa. Mi relación con miembros de ambos sexos en la iglesia adquirió una forma más natural, y esto se amplificó con las parejas casadas de todas las edades. Cuando llegaron los hijos más adelante, mi ministerio también se profundizó y se amplió.[1]

Estar casado y tener hijos hace que sea más fácil ministrar e identificarse con los que tienen familias en una congregación local. Con razón muchas iglesias buscan que los nuevos pastores sean hombres con familia. En mi propia iglesia, la gran mayoría de los miembros están casados y tienen hijos. Una gran parte de la familia de la iglesia se arriesga a no poder identificarse bien con el pastor.

También debe decirse que hay razones menos piadosas por las cuales algunas iglesias no quieren tener pastores solteros. A algunos les preocupa que un pastor que no está casado tenga algún problema o sea un poco raro. Y francamente, demasiadas iglesias suponen que tener un pastor casado significa, en efecto, que obtienen un segundo miembro del personal gratis.

La mayoría de las iglesias no ponen en sus anuncios en busca de un pastor: «Solteros abstenerse», pero es fácil ver por qué puede ser más difícil que los pastores solteros encuentren empleo. Uno dijo lo siguiente sobre su búsqueda de un lugar para pastorear: «Una vez que digo que soy soltero y que nunca me casé, no vuelvo a tener noticias del lugar».[2] Muchos otros podrían decir lo mismo.

Pero no debemos descartar con tanta rapidez a los pastores solteros, incluso si la congregación a pastorear está formada mayormente por personas casadas. En los pasajes citados más arriba, 1 Timoteo 3:2-5 y Tito 1:6-9, Pablo está elogiando la fidelidad matrimonial, más que descartando a los que no están casados. Él espera que las personas estarán casadas (y por lo tanto, tienen que estar bien casadas), más que presentar esto como un *requisito*.

Si tomamos esos pasajes como absolutamente prescriptivos, entonces necesitamos reconocer que son prescriptivos para mucho más que el matrimonio. Después de todo, los dos pasajes hablan de la necesidad de que los pastores críen bien a sus hijos. Así que, si vamos a ser coherentes, no solo tenemos que descartar a los pastores que no están casados sino también a los que están casados pero no tienen hijos. Y, estrictamente hablando, como Pablo habla de hijos en plural en ambos pasajes, también deberíamos descartar a los pastores que tengan un solo hijo. Así que, si creemos que aquí hay alguna clase de autorización bíblica para descalificar a los pastores por ser solteros, también tenemos que descalificar a los pastores casados que tengan menos de dos hijos, y (probablemente) a los pastores viudos que ya no tengan una esposa con la cual estar casados.

¿Los pastores solteros pueden servir a personas casadas?

La soltería tampoco implica necesariamente que no se pueda ayudar a los que no son solteros. Como ya he dicho, la iglesia a la cual pertenezco está mayormente conformada por personas casadas con hijos. Cuando llegué allí por primera vez para ser uno de los pastores, era consciente de esto y me preguntaba si sería un impedimento significativo para que las personas pudieran recibir mi ministerio. Lo que descubrí fue que en ciertas maneras, ser soltero en realidad *ayudaba*.

Una de las cosas que he notado como inglés que pasa mucho tiempo ministrando en Estados Unidos es que se me percibe como neutral en muchos de los debates internos que suceden en esa parte del mundo cristiano. No se me percibe como parte de alguna red o tribu denominacional en particular, y por lo tanto puedo moverme con libertad entre ellos, lo cual de lo contrario no me sería fácil. La distancia de la cual provengo genera una apertura hacia lo que puedo llegar a dar. No quiere decir que no tenga opiniones propias sobre muchas de las cuestiones en las cuales difieren estos grupos, pero vengo a la discusión desde «afuera», lo cual provee un aire de neutralidad.

He notado una dinámica similar en lo que se refiere al ministerio a personas con familias. Recuerdo una vez que estaba poniéndome al día con una pareja de la iglesia que había tenido su primer hijo hacía poco. Les pregunté cómo les iba, y por haber pasado mucho tiempo con padres primerizos, sabía que puede ser difícil dormir lo suficiente. Así que me sorprendió lo que me dijeron sobre el sueño: «Bueno, podemos hablar *contigo* sobre esto, pero no con ninguno de los demás padres».

La realidad era que estaban durmiendo muy bien. De alguna manera (y ellos no sabían por qué), su bebé estaba durmiendo toda la noche, casi todas las noches. Pero dijeron que era el tipo de cosa que en realidad ponía tensa la situación con los demás padres de la iglesia.

Esta fue mi introducción para la idea de que, en ciertos sentidos, ser soltero hace que sea más fácil para otras personas contarte sus experiencias sobre el matrimonio y la crianza. A veces, quieren hablar de cuestiones que son polémicas entre los padres. Pronto descubrí que, dentro del mundo de la crianza, hay muchísimos desacuerdos internos: qué clase de rutina establecer para un bebé, si hay que seguir esta o aquella filosofía de crianza temprana, cuándo y cómo debería volver a trabajar una madre (y si debería hacerlo), qué clase de educación es mejor para un hijo, entre otros. Los desacuerdos sobre la educación en la casa, en una escuela pública o privada pueden ponerse tensos muy rápido. Y como muchos otros debates que giran en torno a la crianza, la gente toma las cosas a pecho. Si los demás no están de acuerdo contigo, parece que están diciendo que eres un mal padre, lo cual, en una cultura que valora la autosuficiencia de la familia y por lo tanto exige prácticamente una especie de omnipotencia, es una acusación que nadie quiere recibir.

No quiere decir que no tenga opiniones sobre estas cosas, pero como soltero, no *parece* que las tenga, y sin duda no al punto de colocar a mi propia progenie en algún lado en particular. A veces, no ser padre es mejor que ser la clase de padre con la cual los demás padres disienten.

En otros momentos, algunos tienen la necesidad de hablar sobre las luchas y los fracasos en la vida familiar. Dada la creencia de que el matrimonio significa «felices para siempre» o la visión predominante de nuestra cultura autosuficiente, es fácil que a las personas les dé vergüenza hablar de sus problemas familiares. «El matrimonio seguramente es la solución para mis problemas —piensan—. Entonces, si tengo muchas pruebas, ¿será porque no estoy haciendo las cosas bien?». Una pareja admitió que se sentía más segura hablando conmigo de su matrimonio porque temía que otra pareja casada los comparara con su propio matrimonio y los juzgara.

La soltería también puede hacer que sea más fácil hablar desde el púlpito de algunos aspectos de la vida familiar. Uno de mis colegas, que es un pastor casado, observó que si habla de las dificultades del matrimonio, los miembros de la iglesia empiezan a preguntarse si significará que él está teniendo problemas en su propio matrimonio. Aunque es bueno hablar desde la experiencia, a veces las personas suponen que eso significa que *seguro* estás hablando por experiencia aun si estás haciendo una observación general de la Escritura.

Esto lleva a algo que se suele pasar por alto. Lo que más importa a la hora de ministrar a los casados y a los padres no es la experiencia personal sino la fidelidad a la Escritura. A fin de cuentas, lo que más necesita escuchar la congregación no es la sabiduría que un pastor puede haber acumulado durante sus años como esposo o padre, sino la sabiduría *de Dios*, revelada en Su Palabra. Vale la pena observar que los solteros pueden ser culpables de lo mismo; de experimentar cierto cinismo cuando un pastor casado se atreve a hablar de la soltería (aunque todo pastor casado ha experimentado la soltería en algún momento).

Si alguien cree que es ridículo que yo predique sobre pasajes dirigidos a esposos o padres, está dando por sentado que la experiencia humana importa más que la sabiduría divina. A muchos de ellos no se les ocurre que los mismos pasajes que preferirían escuchar de la boca de una persona casada fueron en muchos casos escritos por un apóstol soltero. Sospecho que muchas iglesias que gustosamente aceptan a Pablo como apóstol no lo habrían nombrado pastor.

En iglesias donde hay más de un pastor que enseña, tener al menos uno que sea soltero puede ser una ventaja. Si los ejemplos principales de la vida cristiana que muchos de nosotros vemos en la iglesia siempre son de personas casadas, esto puede reforzar la idea de que ser casado es un requisito para la madurez cristiana. Es bueno para los miembros de la iglesia ver ejemplos de soltería concentrada en el evangelio, así como también de matrimonios concentrados en el evangelio. Es una manera de demostrar lo que Pablo decía sobre el matrimonio y la soltería como regalos honorables de Dios.

¿La soltería es una ventaja para el ministerio?

Entonces, la Escritura no prohíbe que los pastores sean solteros, ni la soltería es necesariamente un impedimento para el ministerio eficaz del evangelio, incluso en contextos donde la mayoría de las personas sean casadas. Pero hay otra razón por la cual la soltería puede en realidad ser ventajosa para el ministerio. Pablo la describe en detalle en su famoso tratado sobre el matrimonio y la soltería en 1 Corintios:

> Yo preferiría que estuvieran libres de preocupaciones. El soltero se preocupa de las cosas del Señor y de cómo agradarlo. Pero el casado se preocupa de las cosas de este mundo y de cómo agradar a su esposa; sus intereses están divididos. La mujer no casada, lo mismo que la joven soltera, se preocupa de las cosas del Señor; se afana por consagrarse al Señor tanto en cuerpo como en espíritu. Pero la casada se preocupa de las cosas de este mundo y de cómo agradar a su esposo. Les digo esto por su propio bien, no para ponerles restricciones, sino para que vivan con decoro y plenamente dedicados al Señor (1 Cor. 7:32-35).

Para Pablo y sus lectores, había un paralelo evidente aquí con la manera en que muchos eunucos servían en el mundo antiguo. Para los reyes, los eunucos eran siervos convenientes, ya que no tenían herederos. No podían establecer ninguna dinastía rival a la del rey. Pero además de eso, como escribe Barry Danylak:

> El eunuco también era un modelo de servicio devoto, porque no tenía las distracciones del matrimonio y la familia. Ninguna cuestión familiar competía por su lealtad. Podía permitirse una lealtad completa y sin obstáculos a su rey y a los intereses del rey.[3]

Por lo tanto, Danylak se pregunta si Jesús habrá elogiado a los eunucos (ver Mat. 19:12) porque «la figura histórica del eunuco era un modelo *paradigmático* de lo que era una lealtad tan completa al rey en el mundo antiguo».[4]

Por eso, Pablo puede afirmar que la persona soltera «se preocupa de las cosas del Señor». Pablo también describe estas «cosas del Señor» como una manera de agradarlo. Una persona soltera puede entregarse a la obra del reino de Dios sin la responsabilidad de las inquietudes propias que deberían ocupar a alguien casado. Esto varía de persona a persona. Gran parte depende de las habilidades y las oportunidades que Dios nos ha dado.

En lo personal, puedo ver algunas maneras claras en las cuales la soltería me ha permitido servir a Cristo como no habría podido hacerlo si estuviera casado. Me resulta más fácil estar lejos de casa; no tengo que pensar en el impacto que tendrá mi ausencia sobre una esposa o hijos. Esto me ha permitido servir en una variedad más amplia de contextos y durante períodos más grandes de tiempo que alguien casado. Cuando estoy en casa, puedo estar más disponible para mi iglesia. Me es más fácil dejar todo sin previo aviso si hay alguna necesidad urgente o alguien necesita que lo visite. Tengo más libertad durante algunos de mis fines de semana y tardes.

Desde un punto de vista logístico, es mucho más fácil ser flexible como soltero que como casado. Intentar que una familia joven salga de la casa lleva casi todo el día. Una vez que se terminaron de empacar cosas para cualquier eventualidad posible y el último niño por fin se puso los zapatos y el abrigo, alguien decide que tiene que ir al baño, y cuando terminó, a otro se le ocurre lo mismo. He visto a algunos de mis amigos que son padres envejecer físicamente en el tiempo que les lleva lograr que un grupo de niños pase de un lado de la puerta de entrada al otro. Intentar maniobrar una familia es como tratar de dar vuelta un camión con acoplado.

En contraste, algunos solteros podemos girar en un segundo. Hace un tiempo, el día de la boda de un amigo, de repente me di cuenta de que había perdido la noción del tiempo, y solo tenía diez minutos para prepararme y salir. El único desafío que me quedaba por sortear era qué hacer con los cuatro minutos que me quedarían cuando estuviera listo. A veces, los solteros no solo podemos ser más flexibles, sino también reaccionar más rápido que nuestros amigos casados.

Por supuesto, esto supone un peligro. Esta clase de libertad, cuando viene con entusiasmo por el ministerio y mucha energía, significa que podemos descuidar el tiempo necesario para edificar amistades e invertir en la comunidad. Conozco a muchos solteros en el ministerio cristiano que han luchado con esto. Los eventos de la iglesia suelen llevarse a cabo en la noche durante la semana y los fines de semana, así que esto puede restringir las oportunidades para desarrollar y cultivar amistades comunes en la comunidad más amplia. Si los solteros viven solos, no tienen esa misma unidad social integrada a la cual pueden recurrir las personas con sus propias familias. Una cena rápida con alguien antes de ir a una reunión vespertina, o incluso algo de tiempo arrebatado con alguien para ponerse al día necesitan planearse y establecerse de antemano. Si no planeamos con tiempo, un día libre puede pasar sin pena ni gloria, nos encontramos sin nada que hacer y es demasiado tarde para encontrar alguien con quien hacer planes.

Esto puede resultarle incluso más difícil a alguien introvertido. Si nos dedicamos mucho a los demás durante la semana, tal vez nos sintamos relacionalmente «agotados» cuando llega un día libre, y puede ser demasiado fácil usarlo para recobrar nuestra propia energía. Si esto se vuelve un hábito, la falta de amistades profundas y de la comunidad terminarán gestando una crisis. Esto es algo que las iglesias tienen que considerar, para que los solteros en el ministerio pastoral tengan suficiente tiempo y suficiente capital relacional separado en la semana para cultivar la amistad.

De manera similar, si la persona soltera vive sola, a veces el único momento para ponerse al día con las tareas del hogar es un día libre. La ropa para lavar, las tareas del hogar, las compras y arreglar cosas de la casa llevan tiempo, como lo saben muchas amas de casa. Muchos en el ministerio pastoral tienen un cónyuge al cual ayudar, una esposa que no trabaja y que se encarga amablemente de la mayor parte de esta noble tarea que honra a Dios. Los pastores solteros pueden necesitar más tiempo libre que los demás para cumplir con estas tareas. Algunas iglesias les proporcionan a los solteros de su personal medio día libre extra del trabajo de la iglesia por esta misma razón. De lo contrario, el peligro es que las iglesias busquen aprovechar al máximo la flexibilidad de sus solteros sin apoyarlos en estas otras áreas. La provisión para los solteros en el personal por parte de la familia de la iglesia tiene que ir más allá de la mera remuneración.

En resumen, la soltería no necesariamente hace que una persona sea más apta para el ministerio en la iglesia. No es mejor que estar casado, así como estar casado no es mejor que estar soltero. Dios es mucho más inteligente que nosotros. Alguien como Tim Keller, por ejemplo, no podría haber sido tan profundamente usado por Dios si no fuera por su matrimonio con Kathy, quien lo apoya, lo agudiza y lo centra. Tampoco podría, digamos, John Stott, haber sido tan usado por Dios si no fuera por su soltería, que le permitió entregarse profundamente a tantas personas y en tantos lugares. Así como el matrimonio en sí no es un requisito para el ministerio del evangelio, la soltería en sí no es ningún obstáculo.

6

La soltería desperdicia tu sexualidad

Un amigo mío tiene una cuchara muy interesante. (Tenme paciencia). Es un poco más grande que una cuchara de té y tiene un agujero grande en el medio, lo cual hace que no pueda levantar ni sostener la clase de sustancia que suele requerir una cuchara. Mi amigo no tiene idea de dónde salió. Así que, para entretenerse, la tiene en el recipiente del azúcar, a la espera de que alguna visita ingenua intente usarla para algo. Algunos perseveran en silencio pero sin éxito, porque no quieren quejarse y suponen que la culpa seguramente es de ellos. Otros de inmediato señalan que la cuchara es ridícula e insisten en que les den algo mejor preparado para la tarea.

Sin embargo, con el tiempo, mi amigo descubrió que se trata de una cuchara para aceitunas. Su diseño es *intencional*. El agujero del medio es para drenar el líquido cuando levantas la aceituna y te la llevas a la boca. Es imposible entender *qué es* la cuchara sin comprender *para qué es*. Esto es cierto sobre la cuchara para aceitunas de mi amigo y también sobre nuestra sexualidad.

Hay algo evidente para toda persona: somos seres sexuales, y nuestra sexualidad significa algo. No he conocido a nadie que dispute estas dos afirmaciones básicas. Pero a menos que sepamos para qué es nuestra sexualidad, no entenderemos cómo debe utilizarse. Lo mejor que podremos hacer, como mi amigo con su cuchara, es intentar usarla para algo de entretenimiento pasajero. De hecho, la forma misma de la Biblia señala al propósito por el cual somos seres sexuales.

Por qué Dios nos dio la sexualidad

Como todos saben, Génesis empieza con el relato de la creación del mundo por parte de Dios. La escala es arrolladora y cósmica. Vemos el principio de literalmente todo. Se crea la materia, se le da forma, orden y se regula. Sobre el mundo se derrama vida en toda su asombrosa variedad. Sin embargo, incluso en medio de una variedad tan abundante y espléndida, hay orden. Las cosas son creadas según su especie (ver Gén. 1:11-25). No se trata de una masa de materia indistinguible, ni siquiera de una clase chata de uniformidad. Hay *clases* de cosas y variedad dentro de esas clases. Dios es el director maestro, quien da entrada a cada sección de la orquesta y añade a la sinfonía de la creación.

El clímax de toda esta actividad creativa es la entrada de la humanidad. Siempre es fácil suponer que el clímax de algo es el momento en el que aparecemos, pero en este caso, esta suposición queda en claro en el texto. Hasta este momento, hubo un ritmo y un patrón en la obra de la creación. Hay momentos donde Dios dice: «Que exista», noches y mañanas, y momentos donde Dios «consideró que esto era bueno». Esto cambia drásticamente cuando entra el ser humano en escena:

... y dijo: «Hagamos al ser humano a nuestra imagen y semejanza. Que tenga dominio sobre los peces del mar, y sobre las

aves del cielo; sobre los animales domésticos, sobre los animales salvajes, y sobre todos los reptiles que se arrastran por
el suelo». Y Dios creó al ser humano a su imagen; lo creó a
imagen de Dios. Hombre y mujer los creó (Gén. 1:26-27).

De inmediato, vemos la diferencia. Dios no anuncia simplemente la existencia de algo, sino que hay un momento de deli-
beración divina. Dios verbaliza Su intención de hacer algo. Y en
vez del repetido: «Que exista», ahora tenemos: «Hagamos».
Esto no es algo rutinario. Está sucediendo algo distinto, algo
que requiere especial atención. La participación de Dios en este
acto particular de la creación parece especialmente personal.

Enseguida se da la razón. Esta criatura, a diferencia de todo
lo demás en la creación, será singularmente como Dios. Si todo
lo que Dios hace es, hasta cierto punto, un reflejo de quién es
Él, esto es especialmente así con la humanidad. Por primera vez,
algo creado tendrá la imagen de Dios en Su propia creación;
habrá algo que corresponda de manera única con quién es Él
y cómo es.

Un aspecto significativo de esta portación de imagen se destaca en el pasaje: Dios nos creó hombre y mujer. Una de las
características del relato de la creación en Génesis 1 es la introducción de distintos emparejamientos. N. T. Wright los describe
como «binarios», y escribe: «Lo importante es que Dios crea
parejas complementarias, que deben trabajar juntas».[1]

El relato empieza con el cielo y la tierra, alertándonos de
inmediato a la realidad de que el mundo físico que vemos y
tocamos no es donde toda la acción se lleva a cabo. Hay un
más allá, y el emparejamiento con lo terrenal indica que tiene
que haber alguna clase de correspondencia entre estas dos
esferas. A medida que continúa el relato, se nos presentan
más pares: la luz y la oscuridad, el día y la noche, el mar y la
tierra seca. Como sabemos por experiencia básica, todas estas

cosas interactúan unas con otras y se complementan entre sí. «Entonces, la historia llega a su gran clímax con la creación de los seres humanos a imagen de Dios: hombre y mujer juntos».[2] La relación entre este último par, hombre y mujer, proporcionará un indicio de lo que sucederá con el primer par, el cielo y la tierra. El relato concluye cuando Dios descansa al séptimo día, mostrándonos que, aunque nosotros tal vez seamos el clímax de la obra creativa de Dios, no somos el punto culminante de la creación en sí; el descanso y la satisfacción de Dios lo son.

Lo que sucede a continuación nos sorprendería si la mayoría de nosotros no conociera el texto.[3] Después de tener la visión amplia de la creación, nos encontramos en un jardín con un hombre y una mujer. Pasamos de lo universal a lo particular. Adán es creado por Dios, recibe su tarea de parte de Él, demuestra ser inadecuado por sí solo y recibe a Eva como su contraparte perfecta. Una vez que se unen, la trama inicial de la Biblia es una boda:

> De la costilla que le había quitado al hombre, Dios el Señor hizo una mujer y se la presentó al hombre, el cual exclamó: «Esta sí es hueso de mis huesos y carne de mi carne. Se llamará "mujer" porque del hombre fue sacada». Por eso el hombre deja a su padre y a su madre, y se une a su mujer, y los dos se funden en un solo ser (Gén. 2:22-24).

La pregunta es por qué. Dada la gran escala de lo que acababa de suceder, ¿por qué ahora estamos en lo que, por comparación, parece ser un jardín restringido, observando el casamiento entre un hombre y una mujer? Que este sea el punto donde empieza la trama de la Biblia es sumamente significativo. Lo que sucede entre este hombre y esta mujer nos permite vislumbrar lo que Dios tiene planeado para el universo. Hay un patrón aquí. Como lo expresa Ray Ortlund: «Una vez que el cielo y la tierra se unen en la primera creación, un hombre y una mujer se unen en el primer matrimonio».[4] La unión del hombre y la mujer en matrimonio nos señalará la unión final del cielo y la tierra en Cristo. N. T. Wright lo resume bien:

> La unión de hombre y mujer es en sí una señal que apunta a la gran complementariedad de la creación de Dios, de cómo van juntos el cielo y la tierra.[5]

Esto se hace más y más evidente a medida que se desarrolla el Antiguo Testamento. Según descubrimos, Dios no es solo una autoridad moral que nos presiona amenazante, ni un gobernante soberano sobre nosotros. Él es el novio que quiere conquistarnos.

Los profetas solían usar el lenguaje matrimonial para describir la relación de Dios con Su pueblo: Él es el esposo y ellos son la esposa (frecuentemente descarriada). Cuando se alejan de Él en desobediencia y adoran a otros dioses, cometen adulterio espiritual, algo que provoca algunos de los pasajes más vívidos y ardientes de la Biblia.

Cuando Jesús entra en escena en los Evangelios, se refiere a sí mismo en tercera persona como «el novio»:

> Al ver que los discípulos de Juan y los fariseos ayunaban, algunos se acercaron a Jesús y le preguntaron: —¿Cómo es que los discípulos de Juan y de los fariseos ayunan, pero los tuyos no? Jesús les contestó: —¿Acaso pueden ayunar los invitados del novio mientras él está con ellos? No pueden hacerlo mientras lo tienen con ellos. Pero llegará el día en que se les quitará el novio, y ese día sí ayunarán (Mar. 2:18-20).

En otras palabras, Jesús es el mismo novio divino que ha ido en pos de Su novia a lo largo de todo el Antiguo Testamento. No vino solo a ser un maestro, para aclarar lo que se había malentendido sobre Dios entre los maestros de Su pueblo. No es apenas un ejemplo de alguien que sabía cómo vivir en los caminos de Dios y cómo encarnar Sus propósitos. Vino como Salvador, y esto nos muestra qué *clase* de Salvador. No es un Salvador que se contenta con levantarnos del agua, nos deja caer en tierra seca y se lava las manos; tampoco está dispuesto a extender el acto de la salvación en una especie de conocimiento pasivo constante. Como Salvador, quiere ser el *esposo* del pueblo al que rescata.

Esto aparece reflejado en todo el Nuevo Testamento. Pablo les recuerda a sus lectores que su relación con Jesús es análoga a la de la unión sexual entre un hombre y una mujer:

> ¿No saben que el que se une a una prostituta se hace un solo cuerpo con ella? Pues la Escritura dice: «Los dos llegarán a ser un solo cuerpo». Pero el que se une al Señor se hace uno con él en espíritu (1 Cor. 6:16-17).

La unión de «un solo cuerpo» refleja algo de la unión «en espíritu» que tienen los creyentes con Cristo. En Efesios, Pablo habla del matrimonio y de cómo los esposos y las esposas deben honrarse mutuamente, y después, de manera abrupta, retrocede para mostrarles que en realidad se está refiriendo a Jesús y la iglesia:

> «Por eso dejará el hombre a su padre y a su madre, y se unirá a su esposa, y los dos llegarán a ser un solo cuerpo». Esto es un misterio profundo; yo me refiero a Cristo y a la iglesia (Ef. 5:31-32).

El misterio detrás del matrimonio humano es (como ahora vemos que siempre lo ha sido) la relación de Cristo con la iglesia.

Y, por supuesto, en el punto culminante de la Escritura, tenemos el banquete de bodas del Cordero y Su pueblo, seguido de una visión del cielo y la tierra por fin unidos, mientras la nueva

Jerusalén baja del cielo a la tierra «como una novia hermosamente vestida para su prometido» (Apoc. 21:2). El cielo y la tierra por fin se unen, y el matrimonio es el lenguaje que mejor lo describe.

Entonces, el matrimonio humano refleja la gran historia de la Biblia. Como lo expresa Ray Ortlund, el matrimonio «es el concepto envolvente de toda la Biblia».[6] Ilustra lo grande que está haciendo Dios en el universo: haciendo un pueblo para Su Hijo. Ortlund continúa:

> La eterna historia de amor es la razón por la cual Dios creó el universo y nos dio el matrimonio en el Edén, y por la cual las parejas se enamoran y se casan en el mundo hoy. Cada vez que una novia y un novio se paran en el altar e intercambian votos, están recreando la historia de amor de la Biblia, ya sea que se den cuenta o no.[7]

Y esta historia proporciona la clave para entender nuestra sexualidad. Esto nos recuerda una vez más por qué la Biblia insiste una y otra vez en el carácter heterosexual del matrimonio. Para que el matrimonio sea un reflejo de Cristo y la iglesia, tiene que ser entre dos individuos diferentes, un hombre y una mujer. Si cambiamos esta combinación, se distorsiona la realidad espiritual a la cual señala. Si se altera el matrimonio, se termina distorsionando el evangelio que debe representar.

N. T. Wright concluye en un artículo sobre la naturaleza heterosexual del matrimonio de la siguiente manera:

> La imagen bíblica del hombre y la mujer juntos en el matrimonio no es algo sobre lo cual podemos decir: «Bueno, en ese entonces, tenían algunas ideas muy curiosas. Ahora somos más sabios». La visión bíblica del matrimonio es parte del todo más grande de la nueva creación, y simboliza y señala a ese plan divino. [...] El matrimonio es una señal de que todas las cosas en el cielo y la tierra se unen en Cristo.[8]

Una visión del matrimonio centrada en el evangelio

Esta visión del matrimonio nos ayuda a mantenerlo en una perspectiva saludable. Entender a qué señala implica dos cosas.

Primero, no lo degradaremos ni lo trivializaremos. Señala a Cristo y a Su pueblo. Entonces, lo tomaremos en serio. En el lenguaje antiguo del *Libro de Oración Común*, el matrimonio «no debe ser emprendido inconsiderada, temeraria ni sensualmente para satisfacer las aficiones y concupiscencias de la carne, como las bestias que no tienen entendimiento; sino con reverencia, discreción, peso y cordura, sobriedad, y temor de Dios».[9] Es importante y, estemos o no casados, todos tenemos que defenderlo. «Tengan todos en alta estima el matrimonio y la fidelidad conyugal» (Heb. 13:4).

Dada la dignidad única del matrimonio para reflejar el evangelio de esta manera, no es para sorprenderse que gran parte de la salud de una sociedad dependa de la salud de sus matrimonios. Pero aunque, como cristianos, tenemos una razón singular para estimar el matrimonio, aquello mismo que le concede una importancia tan especial también nos protege de ponerlo en un lugar demasiado elevado. No debemos idolatrarlo. El matrimonio no es un fin supremo, sino que señala a lo que sí lo es. El matrimonio en sí no fue hecho para satisfacernos, sino para señalar a aquello que sí lo hace. El verdadero matrimonio es el que encontramos en Cristo. Nuestros matrimonios en la tierra son apenas la ayuda visual para esto.

La película original de *Zoolander* tiene como premisa central: cuanto más guapo eres, más estúpido eres. El personaje principal, Derek Zoolander, es un modelo masculino «ridículamente buen mozo» y, por lo tanto, con un don significativo para la estupidez. En un momento en la película, un grupo de personas decide construir una escuela en su honor. Le presentan el modelo arquitectónico de lo que edificarán con el tiempo. Zoolander entra, mira el modelo y se pone furioso.

«¿Es esto acaso una escuela para hormigas? —ruge—. ¡Tiene que ser al menos *tres veces* más grande que esto!».

Cree que lo que está viendo es la escuela real. Ha confundido el modelo con la realidad.

Y con demasiada facilidad, hacemos lo mismo con el matrimonio. Lo confundimos con la realidad más plena y la satisfacción suprema a la cual señala. Incluso dentro de nuestros círculos cristianos lo hacemos... todo el tiempo. Esperamos de nuestro matrimonio terrenal aquello que solo encontraremos en el espiritual.

Uno de los beneficios de ser pastor es que tengo el placer de participar en bodas de vez en cuando. Es un gran privilegio y, en general, un gran aliento. Pero en los últimos años, he notado una tendencia cada vez más grande y preocupante: escuchar a alguien (en general, el novio) decir cosas de su cónyuge que un creyente solo debería decir de Cristo. Hace poco, escuché a un muchacho cristiano hablar de su prometida. No cabe duda de que es una maravillosa cristiana. Pero en un momento, él dijo: «Ella es la luz de mi mundo», y de repente, me sentí muy incómodo. La realidad es que no estás amando a tu esposa si esperas que sea algo que solo Jesús puede ser. Tal vez creas que la estás honrando, pero en realidad estás haciendo algo profundamente carente de amor. Ella no fue creada para ser la luz del mundo de este hombre. No podría serlo por más que quisiera. Él está poniendo sobre los hombros de su novia una carga que no fue diseñada para llevar. Para decirlo francamente, si te casas con alguien esperando que te satisfaga, será una pesadilla estar casado contigo. Estás exigiendo algo que solo Jesús puede proveer. Crees que tu matrimonio es lo que llenará tu vida y la completará. Eso solo te desilusionará y terminará aplastando a la pobre alma con la que te cases.

Un buen amigo mío que ha estado felizmente casado por más de 40 años me dijo hace poco: «Mi matrimonio es mucho mejor de lo que jamás esperé o de lo que merecía. Pero no es suficiente». No era una queja. Era un reconocimiento saludable de algo que demasiadas personas (casadas o no) desconocen.

Hace varios meses, tuve el privilegio de conducir la ceremonia de bodas de una hermosa pareja joven. Era una ocasión idílica, pero en medio del sermón, me sentí impulsado a decirles: «Si en algún momento descubren que el matrimonio es una desilusión, recuerden que se debe a que así tiene que ser. No es algo que tiene que satisfacerlos, sino que debe señalarles a aquello que sí puede hacerlo». Es vital ver cómo esta importancia suprema del matrimonio señala a nuestra unión con Cristo. Nada le da más dignidad al matrimonio, pero nada lo protege mejor de asignarle una importancia suprema.

Una visión de la soltería centrada en el evangelio

Mi primer viaje en ambulancia fue completamente inesperado, como el de la mayoría de las personas. Durante varios días, había luchado con dolorosos calambres abdominales, y supuse que era alguna clase de intoxicación alimenticia que terminaría cediendo. No lo era, y no cedió. Los dolores se fueron haciendo más intensos, así que fui a ver a mi médico local. La sala de espera estaba llena, así que no sería una visita rápida. Me quedé ahí sentado, doblado en dos del dolor, y apenas apareció el doctor para llamar al próximo paciente, toda la sala me señaló y todos dijeron: «Véalo a él ahora». Tiene que pasar algo muy grave para que los ingleses permitan que alguien se adelante en la fila.

Al médico le llevó unos dos minutos y un minucioso examen abdominal para darse cuenta de lo que estaba mal: mi apéndice estaba a punto de estallar. Mandó a llamar una ambulancia en la que me fui. Nunca experimenté un dolor igual, pero aun así, era algo emocionante estar en una ambulancia, sabiendo que iba a toda velocidad por el tránsito con las luces y la sirena encendidas. De más está decir que, una vez que llegué adonde tenía que estar (a la camilla del quirófano), todo sucedió con rapidez. Después de una breve convalecencia en mi casa, ya estaba de pie nuevamente.

La vida sin apéndice, por supuesto, no es algo a lo cual uno tiene que adaptarse. Además de un par de kilos menos, nada había cambiado. No importa qué rol haya tenido, ahora es apenas un vestigio. El cuerpo funciona perfectamente sin él. No lo he extrañado para nada.

Tal vez nos resulte fácil pensar en nuestra sexualidad de una manera similar. Después de ver cómo el matrimonio señala a la relación que Jesús tiene con Su pueblo, ¿dónde nos deja eso a los que no estamos casados? Si debemos llevar vidas célibes, ¿significa eso que nuestra sexualidad no tiene ninguna función activa en nuestra vida? ¿Las personas como yo estamos malgastando nuestra sexualidad al no expresar nuestros deseos sexuales? Si así es, parecería extraño que este aspecto vital de nuestra humanidad ahora parezca redundante. Si Dios nos creó seres sexuales, ¿cómo puede ser bueno que de ninguna manera desempeñemos este aspecto de lo que somos? Nuestros amigos casados pueden sentirse satisfechos por estar honrando sus sentimientos sexuales, expresándolos de una manera que agrada a Dios en el contexto adecuado del matrimonio, y por lo tanto honrando su sexualidad, tal como señala más allá de sí misma a su referente supremo en Cristo.

Esta forma de pensar es comprensible. Yo mismo he pensado así en diversos momentos, y me encuentro habitualmente con personas que todavía lo creen, especialmente solteras. Creen que esta negación de actividad sexual de alguna manera los vuelve incompletos e insatisfechos. No parece correcto tener algo que al parecer es tan significativo ahí desperdiciado y sin usar.

Sería como si un pianista fenomenal nunca pudiera tener acceso a un teclado. Parece un desperdicio. Pero esta no es la manera en que la Biblia quiere que pensemos en nuestra sexualidad. El significado del matrimonio de ninguna manera agota la forma en la cual nuestros deseos sexuales, satisfechos o no, pueden jugar un rol constructivo en nuestra vida y ser un medio de honrar el evangelio.

En una ocasión, a Jesús le preguntaron sobre la naturaleza del matrimonio en el reino venidero de Dios. Los saduceos, que no creían en la resurrección de los muertos, pensaron que habían encontrado el golpe mortal contra aquellos que sí creían:

> —Maestro, Moisés nos enseñó que, si un hombre muere sin tener hijos, el hermano de ese hombre tiene que casarse con la viuda para que su hermano tenga descendencia. Pues bien, había entre nosotros siete hermanos. El primero se casó y murió y, como no tuvo hijos, dejó la esposa a su hermano. Lo mismo les pasó al segundo y al tercer hermano, y así hasta llegar al séptimo. Por último, murió la mujer. Ahora bien, en la resurrección, ¿de cuál de los siete será esposa esta mujer, ya que todos estuvieron casados con ella? (Mat. 22:24-28).

Los saduceos se referían a la práctica del Antiguo Testamento del levirato. En el Antiguo Testamento, morir sin hijos era un desastre. Los hijos no solo eran un legado; representaban una herencia espiritual y un lugar continuo en la tierra que Dios había prometido. Para los saduceos, esta práctica no tenía sentido si se creía en la resurrección de los muertos. Llegaremos a eso en un momento, pero primero tenemos que abordar la realidad de que, para muchas personas hoy en día, esta práctica se burlaba de algo que nos resulta más fácil entender: implicaba que una viuda sin hijos debía pasarse por toda la familia, como si fuera una reliquia familiar.

Algo que debemos entender es que en el Antiguo Testamento, esto no refleja que a la esposa del primer hermano se la considerara poca cosa, sino todo lo contrario: no se la podía dejar desamparada. Dios se había revelado como el redentor de Su pueblo, y dentro de Su ley hay mandamientos que muestran que también quería que ellos fueran redentores. Que un hombre se casara con la viuda de su hermano significaba que ella tendría un lugar y una herencia entre el pueblo de Dios. Uno de los ejemplos más famosos en la Escritura es el casamiento entre Booz y Rut. Él era su pariente redentor, un miembro de su familia que podía redimirla legítimamente. No era sencillo asumir las responsabilidades del pariente redentor; era un acto de gran bondad y podía costar caro. (Un pariente cercano a Booz no quiso redimir a Rut por esta misma razón). Al hacerlo, Booz señala hacia delante, a la redención suprema que viene a través de Cristo, Aquel que se transformó en nuestro pariente, para poder redimirnos con un gran costo.

Volvamos a los saduceos. Creían que tenían a Jesús agarrado del cuello, teológicamente hablando. Pensaban que su situación hipotética demostraba que la ley de Dios en sí hacía que la idea de la resurrección fuera inadmisible. Pero Jesús no se quedaría callado.

> Jesús les contestó: —Ustedes andan equivocados porque desconocen las Escrituras y el poder de Dios (Mat. 22:29).

Ellos pensaban que la Escritura los respaldaba, pero Jesús los acusó de ignorancia bíblica. En realidad, no conocían la Biblia más allá del puñado de versículos que pensaban que confirmaban su teoría. Además, no conocían el poder de Dios. Habían pensado en una situación que estaban seguros que un Dios que resucitaba no podía manejar, un experimento mental que a Dios no se le habría ocurrido. No entendían que la mano de Dios es mucho más grande que la del hombre. Sus Escrituras estaban llenas de páginas en blanco, y su Dios no era más poderoso de lo que podía concebir su propia imaginación.

Jesús siguió diciendo:

> En la resurrección, las personas no se casarán ni serán dadas en casamiento, sino que serán como los ángeles que están en el cielo. Pero, en cuanto a la resurrección de los muertos, ¿no han leído lo que Dios les dijo a ustedes: «Yo soy el Dios de Abraham, de Isaac y de Jacob»? Él no es Dios de muertos, sino de vivos. Al oír esto, la gente quedó admirada de su enseñanza (Mat. 22:30-33).

En esa época, no había micrófonos para dejar caer, pero ya te lo imaginas. Claramente, habían pasado por alto el famoso refrán de Dios a lo largo de todo el Antiguo Testamento. Solo porque Abraham, Isaac y Jacob hubieran muerto, no significaba que Dios hubiera terminado con ellos. Sus historias todavía no habían finalizado. Él seguía siendo su Dios, y ellos seguían siendo Su pueblo. Solo una mente pequeña puede imaginar que las promesas y los propósitos de Dios se limitan a la esperanza de vida humana.

Sin embargo, para nosotros, el punto clave es lo primero que Jesús dice. Habrá una resurrección... habrá una vida física para disfrutar en el reino venidero de Dios. Y una de las características es que ya no existirá el matrimonio humano. Jesús compara la manera en la que seremos con la de los ángeles. No debemos pasar por alto lo que está diciendo. Seremos como los ángeles, no en el sentido de tener alas y flotar por ahí (está hablando de una resurrección física, después de todo), sino que seremos como ellos respecto a su estado civil. Los saduceos estaban equivocados en suponer 1) que no habría resurrección, y 2) que si había una vida de resurrección, sería exactamente igual a la vida ahora. Pero la resurrección no es apenas una extensión de nuestra vida física; es una transformación y un cumplimiento de nuestra vida. Y según Jesús, eso significa (entre otras cosas) que no habrá más casamientos. Resulta ser que ese aspecto de la vida pertenece solo a este ámbito.

Tenemos que dejar que esto penetre. Jesús no está diciendo solamente que ya no habrá más sesiones de fotos interminables, ni más bailes incómodos en las bodas, ni más discursos artificiales del padre de la novia. Lo que está diciendo es que el matrimonio terrenal ya no existirá. El matrimonio, tal como lo practicamos ahora, habrá cumplido su propósito. La vida allí es un cumplimiento de todo aquello a lo cual el matrimonio nos señala ahora.

Mis padres, como casi todos los padres, tienen fotografías de mí y de mi hermano en varios lugares prominentes de su casa. Hace poco, descubrí que siempre se llevan varias de estas fotos cuando viajan. Dondequiera que estén, en casa o afuera, les gusta tener recordatorios de su familia. Sin embargo, no las llevan cuando viajan conmigo o vienen a visitarme. Cuando tienes la realidad física, no necesitas la fotografía.

El matrimonio es como una foto de Cristo y la Iglesia. Así que cuando entremos a la plenitud de nuestra relación con Él, cuando la Iglesia por fin sea presentada ante Él como Su esposa perfecta, la institución del matrimonio habrá cumplido su propósito. Tendremos la realidad; ya no necesitaremos la fotografía. Como nos recuerda Glynn Harrison:

> La Biblia no enseña que no habrá matrimonio en el cielo. Más bien, enseña que habrá un matrimonio en el cielo: entre Cristo y Su esposa, la iglesia.[10]

Por lo tanto, nuestros matrimonios son temporales y momentáneos. No son eternos. El estado en el cual pasaremos un sinnúmero de millones de años en una dicha suprema no será el de personas casadas con otras. Fuera de nuestra relación con Cristo, seremos solteros. Podemos suponer que habrá otras clases de conexión humana en la nueva creación. Supongo que las amistades que yacen en el centro de los matrimonios saludables continuarán en la eternidad. Pero la constitución matrimonial de esas amistades no seguirá.

Esto nos recuerda que el matrimonio de ahora no es absoluto. Estará ausente en la era venidera y no es vital en este tiempo presente. Esta realidad también se refleja en la vida de Jesús en sí. La persona más plenamente humana y completa que vivió jamás sobre la tierra lo hizo como soltero, y sin embargo, se llamó a sí mismo «el novio». El matrimonio por el cual vino fue aquel que todos nosotros que estamos en Él disfrutaremos junto con Él eternamente. Su soltería en la tierra dio testimonio de este matrimonio supremo que había venido a establecer.

La soltería para nosotros ahora también es una manera de dar testimonio de esta realidad. Al igual que Jesús, podemos vivir de manera que anticipe lo que vendrá. La soltería ahora es una manera de afirmar que esta realidad futura es tan cierta y tan buena que podemos abrazarla ahora. Es una manera de declararle a un mundo obsesionado con la intimidad sexual y romántica que estas cosas no son lo más importante, y que en Cristo poseemos aquello que sí lo es.

> Los cristianos solteros que se abstienen del sexo *fuera* del vínculo del matrimonio dan testimonio de la naturaleza fiel del amor de Dios con la misma autoridad que aquellos que tienen relaciones sexuales *dentro* del vínculo matrimonial [...]. Negarte a ti mismo puede ser una imagen igual de potente de la bondad de algo como servirte de ello [...]. Tanto los solteros como los casados que se abstienen del sexo fuera del vínculo matrimonial señalan a lo mismo. Ambos «despliegan» su sexualidad de maneras que sirven de señales del reino y el carácter fiel de la pasión de Dios.[11]

Si el matrimonio nos muestra la forma del evangelio, la soltería nos muestra su suficiencia.

Por eso la iglesia necesita gente soltera. No como una supuesta fuente interminable de cuidado gratuito de niños, sino para recordarnos que la alegría y la plenitud del matrimonio en esta vida es parcial y solo puede ser temporal. La presencia de solteros que encuentran su significado y satisfacción plenos en Cristo es un testimonio visible y físico de la realidad de que el fin de todos nuestros anhelos se encuentra en Jesús.

Eso no significa que nuestros sentimientos sexuales sean redundantes, que queden colgando e insatisfechos, como si fueran un apéndice. La consumación sexual que anhelamos puede (si se lo permitimos) señalarnos a la consumación más grande que vendrá. Nuestros sentimientos sexuales nos recuerdan que, en la nueva creación de la eternidad, disfrutaremos plenamente de aquello de lo cual nos privamos en un plano temporal ahora. La insatisfacción sexual en sí se transforma en un medio de profundizar nuestra percepción de la satisfacción más plena y profunda que esperamos en Jesús. Nos ayuda a tener más hambre de él.

Glynn Harrison lo expresa de esta manera:

> Ya sea que seamos casados o solteros en esta vida, el deseo sexual es nuestro instinto direccional integrado que apunta a lo divino, una especie de sistema de navegación que nos muestra el camino a casa. Podríamos imaginarlo como una especie de lenguaje corporal: nuestros cuerpos nos hablan de una realidad más grande de satisfacción y bendición eterna, y nos urgen a ir allí.[12]

Esto es liberador. Significa que mis sentimientos sexuales no necesitan suplirse por el simple hecho de ser satisfechos. Cuando siento esa profunda sensación de anhelo, esa sensación de desasosiego y frustración sexual, tengo que pensar en ese desasosiego supremo que viene cuando vivimos lejos de nuestro Creador, un desasosiego que encuentra respuesta en el único que prometió un descanso profundo y permanente para todos los que se acerquen a Él. El pecado sexual parece ser la respuesta a ese desasosiego, pero como todos los placeres del pecado, es tan solo temporal y fugaz.

El celibato no es un desperdicio de nuestra sexualidad; es una manera maravillosa de realizarla. Implica permitir que nuestros sentimientos sexuales nos señalen la realidad del evangelio. Nunca terminaremos de entender nuestra sexualidad a menos que sepamos para qué es: para señalarnos el amor de Dios por nosotros en Cristo.

7

La soltería es fácil

No era la conversación que ninguno de nosotros había esperado.

Me encontraba en la ciudad de Nueva York, visitando una iglesia a la que suelo asistir cuando estoy allí. Esa mañana, me senté cerca de dos amigos y nos quedamos charlando después de la reunión. Ninguno de los tres tenía planes para almorzar, así que decidimos ir a comer algo juntos. Después de un rato, estábamos en medio de una profunda conversación sobre nuestra experiencia de la soltería. Debo señalar que los solteros no se la pasan hablando de su soltería. En mi experiencia, la mayoría de nosotros no habla del tema lo suficiente. Lo notable de esta conversación no era que estuviéramos hablando al respecto, sino que lo hacíamos de manera tan sincera.

No recuerdo cómo surgió el tema, y menos cómo llegó a los temores que cada uno tenía respecto a su propia soltería, pero una vez que empezamos, fue difícil parar. Nunca antes había hablado de estas cosas, y no creo que mis amigos lo hubieran hecho tampoco. Fue crudo, pero también catártico. Cuando terminamos, nos sentíamos agotados pero a la vez aliviados... aliviados de haber podido tener esa conversación, y aliviados porque ninguno de nosotros estaba solo en su experiencia de las ansiedades que habíamos revelado. C. S. Lewis dijo una vez que la amistad suele empezar cuando alguien pregunta: «¿Qué, tú también? ¡Pensé que era el único!».[1]

Hasta ahora en este libro, he intentado responder a las muchas maneras en que creo que se subestima a la soltería. A lo largo de la historia de la iglesia, el péndulo ha oscilado a un lado o al otro en cuanto a cuál de los dos es más meritorio o espiritual, si el matrimonio o la soltería. Hoy, no cabe duda de dónde nos encontramos: tenemos una enorme tendencia a subestimar la soltería bíblica en la iglesia y en la cultura en general. Así que, gran parte de las medidas correctivas suponen mostrar cómo la soltería no es tan espantosa como solemos pensar.

El peligro de este ejercicio es que terminamos pensando que la soltería es siempre una fiesta. La lectura de capítulos anteriores tal vez nos deje pensando que la soltería es tan solo un festival constante de amistades y libertades profundas e interesantes, nada de las restricciones y angustias de la vida familiar, ninguna media naranja con la cual tener que debatir cada plan e idea y menos personas a cargo para alimentar y vestir. La soltería puede parecer mucho más divertida y menos costosa.

Espero que hayamos visto que tanto el matrimonio como la soltería son regalos de Dios, maneras en las cuales podemos experimentar Su bondad, pero en un mundo caído son regalos que vienen con dificultades únicas. Ninguno de los dos es fácil. Los dos son dolorosos. Cada uno tiene sus altibajos, diferentes de los altibajos del otro. Así que el peligro es que comparemos las desventajas de nuestra propia situación con las ventajas de la alternativa. Los solteros podemos fácilmente mirar las ventajas del matrimonio y compararlas con las desventajas de la soltería, y es igual de fácil para los casados hacer lo mismo pero al revés.

Así que, ahora que dedicamos tiempo a destacar las ventajas de la soltería (que a menudo se pasan por alto), tenemos que mirar algunas de sus desventajas. Esto abarca todo desde inconveniencias menores a la clase de ansiedades de las cuales hablé con mis amigos en aquel almuerzo, que pueden quitarnos el sueño.

Las dificultades de la soltería

Están las cuestiones cotidianas. La líder cristiana y escritora Kate Wharton dice lo siguiente:

> Cuando tenemos que llenar un formulario y marcar un casillero que dice «soltero»; cuando tenemos que pagar el suplemento por habitación individual en unas vacaciones; cuando encontramos ofertas de supermercado de «2 por 1» que sabemos que vamos a terminar desechando; cuando nos armamos de valor para entrar a una fiesta solos; cuando necesitamos que alguien nos sostenga la otra parte del mueble listo para armar que estamos ensamblando; cuando llegamos a una casa vacía y no hay nadie a quién contarle sobre los altibajos de nuestro día... en esos momentos, como en muchos otros, ser soltero puede parecer que nos quedamos con la peor parte.[2]

Ninguno de estos ejemplos en particular nos parece algo demasiado importante por sí solo. Pero la vida suele ser la suma de cosas triviales, y los pequeños detalles terminan juntándose y teniendo un gran efecto cumulativo. A veces, son las pequeñas cosas cotidianas, más que los grandes momentos dramáticos, las que pueden ser más dolorosas. Son los pequeños recordatorios diarios de que estamos haciendo solos aquellas cosas que sentimos que deberíamos estar haciendo con otros. Por momentos, es fácil desestimar estas cosas y podemos seguir adelante. Pero otras veces, puede parecer abrumador.

Mi buen amigo Ed Shaw describe los momentos en los que el dolor de la soltería parece insoportable. Los llama «momentos en el piso de la cocina»:

Los llamo así porque siempre me encuentran sentado en el piso de la cocina. Pero no estoy haciendo algo útil como limpiando, aunque eso siempre podría resultar beneficioso. En cambio, estoy allí llorando. Y la razón de mis lágrimas es la desdicha que suele traer mi experiencia de atracción al mismo sexo. El dolor agudo que siento a veces como resultado de no tener un compañero, relaciones sexuales, hijos y todo lo demás.[3]

La experiencia de Ed Shaw no es única para los que son solteros por sentir atracción al mismo sexo, como él. Muchos conocen el dolor de no tener «un compañero, relaciones sexuales, hijos y todo lo demás», sea cual sea la razón de su soltería.

Recuerdo cómo imaginaba que sería mi vida cuando tuviera 30 años cuando cumplí los 20. En ese momento, mis ambiciones parecían bastante humildes: Esperaba estar en alguna clase de ministerio pastoral y, para entonces, estar también casado y ser padre. Suponía que era la clase de aspiración que agrada a Dios y que, por lo tanto, lo permitiría. Hace poco, cumplí 40 años. De más está decir que las cosas no siempre salen como uno espera.

Por supuesto, todos lo sabemos. Pero pueden haber momentos en particular donde empecemos a darnos cuenta de que no estamos donde esperábamos estar a esta altura. Es un doloroso umbral para cruzar. Cuando tenía poco más de 20 años, hubo una época en la cual parecía que todas las personas que conocía se estaban casando. Parecía que todos los sábados entre mayo y septiembre había otra boda con el mismo grupo de invitados, mi mismo traje arrugado y la sensación de que cada vez más era una especie en extinción, como el único soltero en un mundo de cada vez más parejas. Se especulaba quién sería el próximo. Después, llegaba la especulación bienintencionada pero algo incómoda de cuándo llegaría mi turno. Pero peor aún que la especulación de las personas sobre cuándo te casarás es cuando, con el tiempo, dejan de especular. Y peor que darse cuenta de que la vida no va como planeabas es empezar a comprender que *probablemente nunca lo haga.*

Además de que no se cumplan tus propias expectativas está el tema de no cumplir con las de las personas que te rodean. En el mundo secular, las personas esperan cada vez más para casarse. Pero en el mundo cristiano, sigue siendo un rito de pasaje, una de las señales de que has crecido.

Recuerdo que un amigo mío se casó mientras estábamos en el seminario, después de lo cual los profesores empezaron a tratarlo de otra manera. Si yo alguna vez pedía una extensión de una fecha de entrega de un trabajo o que se me permitiera faltar a clase, prácticamente había una inquisición. Pero como mi amigo estaba casado, siempre le daban permiso, sin hacerle ninguna pregunta. Era como si se hubiera unido a un club exclusivo y lo único que tuviera que hacer fuera agitar su tarjeta de «Casado» para obtener un pase gratuito a todos lados.

Otro amigo había tenido una relación complicada con su padre durante muchos años. Como su papá era extremadamente competente, siempre estaba frustrado porque su hijo no subía de categoría tanto ni tan rápido como él pensaba que debía. Pero eso cambió de la noche a la mañana cuando mi amigo se comprometió. Él no podía entender por qué su padre lo trataba de manera tan distinta. Sin embargo, era evidente. A los ojos de su papá, comprometerse significaba que por fin había crecido. Era como si de repente hubiera cumplido diez años. El matrimonio era una señal de madurez. Así que, permanecer soltero puede alterar la percepción de otros de nuestra madurez, y sentimos el dolor de esa percepción.

Sin duda, hay personas para las cuales la inmadurez es la razón de una soltería prolongada. Una adolescencia perpetua es un problema cada vez más grande en Occidente. Pero que algunos usen la soltería como excusa para evitar la responsabilidad del matrimonio no significa que la soltería sea el problema o que todos los que se quedan solteros lo hacen necesariamente por esa razón. Recuerdo que una vez estaba en una boda y un hombre mayor se acercó y me dijo: «¿*Todavía* estás soltero?».

Ser soltero cuando tenemos entre 20 y 30 años puede ser completamente distinto a ser soltero cuando estamos cerca o pasamos los 40. A los 20, la vida puede parecer un episodio de *Friends*. La mayoría de nuestros amigos todavía no están casados, y es relativamente fácil entrar y salir de la vida del otro a diario. Los estudiantes comparten habitación o una casa con buenos amigos durante algunos años; todos están ahí y están disponibles. No hace falta hacer nada solo a menos que quieras. Hay amistad a libre demanda. Incluso las cosas más prosaicas —lavar la ropa, hacer mandados, cocinar o hacer tareas de la casa— terminan haciéndose con otras personas. Hay una maravillosa camaradería en todo.

Pero una vez que tus compañeros empiezan a tener una relación seria y se casan, la dinámica de la amistad puede cambiar de forma drástica. La unidad básica de la vida social cambia de un grupo de amigos a parejas. La frecuencia con la cual se ven también cambia. A los amigos que solías ver todos los días empiezas a verlos una vez por semana, después quizás una vez cada quince días, luego una vez al mes y con el tiempo, de vez en cuando. El matrimonio no es la única razón; hay un ajuste que sucede al pasar de una vida flexible de estudiante a una vida laboral menos flexible, quizás incluso el añadido del viaje al trabajo. Sin embargo, hay pocas cosas que cambian una amistad de manera más drástica que el matrimonio.

Hasta cierto punto, es completamente apropiado. Los matrimonios requieren de tiempo para crecer bien. Pero apenas una persona entra en una relación seria, todas las demás amistades pueden quedar significativamente degradadas. Me viene a la mente un muchacho que era un gran amigo mío cuando tenía poco más de 20 años. Nos juntábamos varias veces a la semana. Después, empezó a salir con una chica, se casó y sencillamente *desapareció*. Nunca lo veía. Fue como Frodo en *El señor de los anillos:* apenas se puso un anillo, se desvaneció. He visto esto varias veces. Una vez que se establece una relación seria y la pareja se casa, la amistad con los demás deja de ser una prioridad. Con un amigo, esto fue peor porque su esposa era la que organizaba la poca socialización que tenían, y en general se juntaban con los amigos de ella y no con los de él. Uno piensa en la respuesta a la invitación por parte de un personaje en una de las parábolas de Jesús: «Acabo de casarme y por eso no puedo ir» (Luc. 14:20).

No es para sorprenderse que las bodas puedan ser algo semiamargas para los solteros. Estamos genuinamente felices por nuestros amigos que se casan, pero también puede haber una sensación de pérdida. Es el comienzo de una nueva era para la pareja, pero el final de una era para nuestra amistad. Un amigo soltero que tiene cerca de 50 años me dijo hace poco que el matrimonio de uno de sus amigos cercanos le «pareció un duelo». Se siente como si te hubieran bajado de categoría.

Una escritora, Carrie English, describe los sentimientos de rechazo que surgen cuando uno asiste a la boda de amigos:

> Dos personas anuncian públicamente que se aman más de lo que te aman a ti [...]. No se puede negar que las bodas cambian las amistades para siempre. Las prioridades se declararon en público. Ella estará ahí para él en salud y enfermedad, hasta que la muerte los separe. Ella estará ahí para ti en tu cumpleaños, o cuando su esposo tenga que trabajar hasta tarde.
>
> Que rompan contigo, platónicamente hablando, no sería tan malo si los demás reconocieran que tienes derecho a estar platónicamente descorazonado. Pero esto no forma parte de nuestro vocabulario. Por más que nuestra sociedad se llene la

boca de halagos para la amistad, la realidad es que el único amor que considera importante (lo suficientemente importante como para merecer una enorme celebración pública) es el amor romántico.[4]

Incluso cuando se mantenga una amistad con un amigo casado, a menudo esta se vuelve desequilibrada. El amigo casado ya no te necesita tanto como antes. Mi observación es que la mayoría de las amistades donde hay un soltero y un casado son significativamente asimétricas. Lo he visto de tres maneras principales.

Primero, suelo ser yo, el soltero, el que toma la mayor parte de la iniciativa en la amistad. Este no siempre es el caso; me vienen a la mente un par de amigos casados que querrán pincharme en las costillas apenas lean esto. Pero en muchas de mis amistades, suelo dar el primer paso. Es comprensible, ya que soy el que está buscando algo de compañía cuando tengo una noche o un fin de semana libres. Mis amigos casados no tienen la misma necesidad de compañía inmediata. Lo comprendo. Pero con el tiempo, puede empezar a doler, y puede llevar a que te preguntes cuánto tiempo tendrías que esperar para que ellos inicien el contacto. Algunos de mis amigos me han dicho algo como: «Ya sabes dónde estoy, y siempre eres bienvenido. No esperes a que te invitemos». En un sentido, es algo conmovedor. Pero cuando varios te lo dicen, el efecto acumulativo, en los días más oscuros, me lleva a escucharlo de esta manera: «No se nos va a ocurrir pensar en ti o ir a buscarte. No es que te *necesitemos*. Así que vas a tener que venir si quieres estar con nosotros. Y siempre serás tú el que tenga que venir, en lugar de ir nosotros». Esto me lleva al siguiente punto.

Segundo, suelo ser yo, el soltero, el que visita al casado. Y una vez más, es completamente comprensible. Es más fácil que una persona viaje hasta donde están dos que las dos personas viajen hasta donde está la otra. Más aún si la ecuación incluye hijos; es exponencialmente más difícil que todos ellos vengan hasta mí. He visto a familias intentar salir de su casa. La logística del Día D parecía más sencilla. Lo comprendo. Y, como muchos niños ya han descubierto, mi colección de juguetes no se compara con la de ellos. Cuando quiero invitar a cenar a amigos con hijos, suelo ofrecerme a cocinar en su casa. Conozco mejor la cocina de algunos amigos que la mía propia. No es un problema; me encanta hacerlo. Significa que es más probable que pasemos más tiempo juntos que si ellos tienen que esperar para dejar a sus hijos al cuidado de alguna niñera.

De manera similar, tengo algunos amigos cercanos que viven lejos. Me viene a la mente la pareja que hace poco me dio la llave de su departamento en la ciudad de Nueva York, y otra familia norteamericana que se mudó a Inglaterra pero se las arregló para mudarse al lado equivocado. En ambos casos, mi trabajo me lleva por sus pasos bastante a menudo, así que no esperaría verlos en mi umbral tan a menudo como ellos me encuentran en el suyo.

La cuestión son los amigos que *podrían* venir de visita pero que nunca lo hacen. Tengo amigos casados que viven cerca —incluso algunos sin hijos— pero que casi nunca vienen a mi casa. El problema está en lo que esto comunica: que, aunque les gusta que seas un invitado ocasional en sus vidas, no necesariamente les interesa ser parte de la tuya, conocer tu hogar, tu vida, tu iglesia y tus amigos. La cosa puede volverse desequilibrada. Ver a alguien en su propio ambiente es una manera de conocerlo mucho mejor. Ves dónde y cómo vive, y conoces a las personas con las cuales vive. Cuando entras al mundo de alguien, te encuentras preguntando sobre sus amigos y sus familiares. Sabes quién es su pastor y puedes reírte sobre algunas de las idiosincrasias de su familia de la iglesia. Esto es lo que le permite a alguien sentirse verdaderamente conocido. Si nadie entra en tu mundo, puedes sentirte como un mero accesorio en la vida de los demás.

Pero estas cuestiones —la realidad de que los solteros suelen iniciar las reuniones y experimentarlas en el mundo de sus amigos casados— a menudo son expresiones de la tercera asimetría, que suele ser más profunda y dolorosa. Con toda probabilidad, la realidad es que los solteros necesitan a sus amigos casados más de lo que sus amigos casados los necesitan a ellos. No quiere decir que los amigos casados no necesiten en absoluto a sus amigos solteros; sencillamente, es una necesidad distinta... en otro grado. Como soltero, mis amigos son mi cable a tierra. Son como familia. Son aquellos con quienes me siento más conocido y amado. Algunos son miembros de mi iglesia; otros son amigos de mucho tiempo que viven lejos y que conozco de diversos contextos. Los necesito. Muchísimo. Pero la realidad es que ellos no me necesitan de la misma manera. Muchos son como mi familia, pero como ellos tienen familias propias, la sensación familiar que siento hacia ellos no siempre es recíproca. Eso puede ser bueno y correcto, pero también puede resultar doloroso.

Hace poco, visité a un amigo cercano, y cuando me estaba yendo, hablamos de cuándo nos volveríamos a ver.

«¿Cuándo estás libre?», pregunté.

«Yo diría que en unos tres meses», me contestó. Estaba muy ocupado.

Me sentí descorazonado. *¿Tres meses?*

Un poco de contexto: es uno de mis mejores amigos, y me ha dicho muchas veces que yo soy uno de los suyos. Hace muchos años que nos conocemos. Es más, pocas personas se conocen mejor que nosotros y disfrutan de una franqueza como la nuestra. Es un regalo inusual. Su casa queda a 75 minutos en auto desde la mía, y hay que admitir que no es lo mismo que si viviera a la vuelta de la esquina. Pero no es como si tuviéramos que cruzar tres zonas horarias para vernos. He ido más lejos que eso solo para comer un buen curry.

Tres meses parecían un tiempo demasiado largo. Estaba muy ocupado... lo entiendo. Pero no era que se estaba embarcando al otro lado del mundo ni preparándose para un suceso importante de la vida como tener un bebé o mudarse a una nueva casa. Eran las cuestiones normales las que hacían que la vida estuviera tan ocupada, más que algo excepcional. Lo que me dolió es que parecía no molestarle que tuviéramos que esperar tres meses para volver a vernos. Lo dijo en un tono algo apologético. Sin embargo, aunque no le resultaba algo ideal, tampoco era un problema tan grande. Sentí como si estuviera diciendo que fácilmente podía arreglárselas sin mí. Ningún problema. Pero a mí no me alcanza ver a amigos tan cercanos solo una vez cada tres meses. Me hizo darme cuenta de que, aunque mis amigos cercanos son esenciales para mí, no necesariamente ellos sienten lo mismo. Eso puede doler mucho. Lo que ellos son para mí, sus familias son para ellos. Yo existo mucho más abajo en su lista de necesidades.

Eso se hace mucho más evidente si terminan mudándose lejos. Soy muy amigo de una familia que vive a cinco minutos a pie de mi casa. Hace años que somos buenos amigos. En general, comemos juntos una vez por semana. Hemos ido juntos de vacaciones. Nos conocemos lo suficientemente bien como para haber desarrollado una comodidad natural y una familiaridad mutua. Son la clase de personas con las cuales puedo pasar tiempo alegremente sin hacer nada. Lo digo en serio. No es inusual encontrarnos sentados juntos leyendo y casi sin hablar durante varias horas. Tenemos una regla tácita de que está completamente bien dormirse en el sofá del otro. (Recuerdo que, en una ocasión, pasamos casi toda una tarde sentados en la sala dormitando al mismo tiempo. Fue glorioso). Más de una vez, he ido hasta su casa solo para sentarme a la mesa de la cocina y trabajar un rato mientras ellos seguían haciendo lo que estaban haciendo.

Quizá sea por mi personalidad, pero tener gente con la cual no hacer nada es importante para los solteros. Hay momentos en los cuales me siento emocionalmente cansado pero quiero compañía, así que es genial tener amigos a los que ves lo suficientemente seguido como para no necesitar pasar el tiempo que están juntos poniéndose al día. Si uno de los problemas son los amigos con los que *casi nunca* puedes ponerte al día, otro son los amigos con los que *solamente* se ponen al día. Para los casados, es fácil olvidarse de esto, porque ya tienen personas con las cuales no hacer nada, y tener a alguien con el cual no hacer nada no es necesariamente una necesidad consciente para ellos.

Todo esto para decir que estoy terriblemente cerca de la familia a la vuelta de la esquina. Estoy escribiendo esto durante un viaje ministerial a Australia. Debido a una muy mala planificación de mi parte, estuve solo en mi cumpleaños la semana pasada mientras viajaba. Como sabía que pasaría mi cumpleaños solo, la hija de esta familia me hizo un cuestionario para hacer en el avión. Cuando lo abrí, vi que había diez rondas de diez preguntas. Algunas se trataban de cosas que ella sabe que me interesan (*La guerra de las galaxias,* la política estadounidense, la comida tailandesa), pero la mayoría era sobre cosas que habíamos hecho juntos: viajes que habíamos realizado, e incluso toda una ronda sobre cosas graciosas que su papá había dicho y hecho (como cuando lo perdimos en el Central Park mientras estábamos de vacaciones porque se había unido accidentalmente a un grupo de ciclistas alemanes, o cuando casi nos llevó por un precipicio con el auto en los Pirineos). Me llevó a darme cuenta de cuánto habíamos vivido juntos en los últimos años.

Estoy contando tanto sobre esta amistad para que entiendas el dolor que siento ante la perspectiva de que se muden... no a otra ciudad, ni siquiera a otro condado; sino a otra parte del país, a varias horas de distancia. Es más, mientras estoy de viaje, se están mudando. Me siento destrozado. Me seguirán visitando, y yo también los visitaré, pero debido a la distancia, solo podremos hacerlo cuando tengamos al menos un par de días para hacer el viaje. Se terminaron las juntadas espontáneas después de la iglesia, o los momentos en los que he necesitado alguien con quién probar una nueva receta, o cuando he necesitado algún invitado para justificar el encendido del hogar a leña. Se terminaron los momentos en los cuales me invitaban durante una época ocupada de trabajo para ir a comer y después irme, incluso al punto de enviarme un mensaje de texto cuando estaban por servir la comida, para que pudiera llegar justo en ese momento. Es difícil imaginarme cómo será vivir sin ellos cerca. Sé que durante los próximos meses, me dolerá cada vez que pase por su calle.

Cuando esta clase de amigos se muda (y perdóname por el cliché), pareciera que se llevan un pedacito de mi hogar con ellos. Y cuando esto sucede varias veces a lo largo de los años, me siento como Voldemort con horrocruxes relacionales desparramados por todas partes.

Hace un par de veranos, experimenté el doble golpe de dos amigos que se mudaron al extranjero, ambos por razones de trabajo. Además, probablemente eran las dos personas entre mi grupo de amigos que más tomaban la iniciativa para juntarnos. Su partida no significa que se salieron del mapa. Todavía los veo. Cada uno ha podido visitar al otro, incluso más de una vez. Y debido a la distancia, cuando nos vemos ahora, en general nos quedamos varios días en vez de unas horas, así que podemos hacer mucho más que ponernos al día. Pero no es lo mismo que tenerlos tan a la mano. Antes de que se mudaran, los tenía a menos de una hora de distancia. A uno de ellos (que era soltero y por lo tanto tenía un poco más de movilidad) lo veía casi todas las semanas, a menudo sin demasiado aviso previo, si alguno de nosotros tenía algo de tiempo y ganas de compañía. Esa naturaleza semana a semana de una amistad cercana es lo que más extrañamos desde que se mudaron. Daría lo que fuera por tenerlos de vuelta en mi zona.

Pero más que eso, cuando un amigo se muda resulta difícil debido a lo que esto representa. La gente se muda por toda clase de razones: un trabajo nuevo, la proximidad a la familia, el costo de vida, etc. Pero sea cual sea la razón, es otra manera de recordarnos que no importa cuán cercana sea nuestra amistad, no es lo suficientemente cercana como para hacer que alguien lo piense dos veces antes de levantar campamento y mudarse. Incluso lo que, en algunos casos, había sido un límite familiar de lo más poroso, ahora de repente se endurece. La familia se va. Tú te quedas. Así es la cosa. Ahora bien, no me estoy quejando de eso ni negando que no haya una clara obligación al tener una familia de sangre. Pero el ejercicio de esas mismas obligaciones es un recordatorio de que eso que tus amigos tienen con sus familias no lo tienen contigo, y tal vez no lo tengas con nadie.

La gente se muda por la familia o por la economía, pero nadie se muda por los amigos. Todo esto destaca la realidad de que hay un compromiso que viene con la familia y que falta en la manera en que muchas personas ven la amistad.

A veces, esta clase de dolor puede ser abrumador. Hace un par de años, tuve una especie de colapso. Hacía un tiempo que se venía gestando. Estaba sirviendo en una función en la iglesia que cada vez me resultaba más difícil, y tenía responsabilidades de ministerio en contextos más amplios que estaban superando mi capacidad emocional. Me estaba recuperando de un virus horrible y luchando con la fatiga posviral. Tenía muy poca energía y fuerza, y estaba empezando a hundirme.

Pero el disparador de la verdadera espiral descendente fue al parecer algo inocuo. Me estaba preparando para cambiar de trabajo en unos meses. El plan era dejar de trabajar para mi iglesia y empezar a tiempo completo con otro ministerio cristiano. Aunque no era necesario que dejara el área (ni siquiera que dejara mi iglesia), sí necesitaba encontrar otro lugar para vivir; no en otra ciudad ni comunidad, sino en alguna otra parte de mi ciudad. No era un gran acontecimiento.

Pero en medio de mi estado de falta de sueño y creciente ansiedad, esta movida empezó a representar algo inevitable y siniestro. Estaba buscando una casa en la cual viviría solo y terminaría muriendo (al menos, así lo sentía de forma vívida). Ahora parece un poco tonto, un par de años después y en otro estado mental, pero todavía recuerdo el momento y la manera en que me sentía. Tenía terror de envejecer. Era como si el futuro se hubiera transportado al presente y la solitaria ancianidad estuviera por aplastarme. Me quedaba despierto preguntándome con quién viviría entonces, y quién me cuidaría. Me preguntaba si alguien se daría cuenta si me caía por la escalera y no podía levantarme. Podía imaginar (y por momentos, era lo único que imaginaba) que era una de esas personas que se muere pero nadie se da cuenta durante semanas, hasta que el buzón de correo desborda o empieza a haber demasiado mal olor.

Lo que impulsaba estas ansiedades que se estaban saliendo de control era la sensación de que incluso las amistades cercanas se habían vuelto pasajeras. No hay garantías, ya que las personas pueden mudarse en cualquier momento, o casarse, o tener algún otro compromiso que supere su amistad conmigo. Entonces, razonaba, no importaba cuánto pareciera quererme un buen amigo, me dejaría cuando el trabajo o la familia lo ameritaran.

Esta ansiedad alcanzó el volumen máximo, y no sabía cómo bajarla. Era el lente a través del cual veía todo. Incluso el ánimo de los demás durante ese tiempo parecía reforzar mis ansiedades. Cuando un amigo me dijo: «Sam, mientras esté en Maidenhead, tienes un amigo al que puedes acudir», lo único que escuché fue que sería mi amigo solo hasta que se mudara, lo cual (en mi cabeza) era algo inevitable. Otro amigo me dijo: «Ya sabes dónde estamos. No esperes a que te invitemos», y lo que escuché en eso era que ellos no pensarían en mí lo suficiente como para iniciar una invitación; yo tenía que tomar la iniciativa. Alguien me dijo que era bienvenido en su casa en cualquier momento durante los próximos dos o tres días, pero no después de eso, ya que unos familiares venían de visita, lo cual me recordó que yo no era parte de su familia *real*. Se volvió en algo consumidor, y durante un tiempo, no estuve bien.

Gracias a Dios, la intensidad de esas ansiedades se fue aplacando. Me permitieron tomarme un tiempo del trabajo. Busqué ayuda. Me volqué en los Salmos y aprendí algo de lo que significa conocer a Dios como un refugio. Las cosas mejoraron. Empecé a apreciar una vez más las amistades que tenía, en vez de concentrarme en lo que pensaba que me faltaba.

Pero esas ansiedades, aunque por fortuna disminuyeron, nunca terminaron de desaparecer. Por momentos, todavía me molestan. Cuando me senté a disfrutar de un almuerzo improvisado con dos amigos de la iglesia en Nueva York, empezamos a compartir nuestros temores particulares sobre la soltería a largo plazo. Fue catártico, y me ayudó saber que no soy el único que siente estas inquietudes. También empezamos a hablar de lo que nos ayuda a superar tiempos de ansiedad y a mantener una perspectiva saludable. En mi caso, hay ciertas cosas que debo recordarme constantemente.

La fiabilidad de Dios

Doy gracias a mi amiga Kathy Keller por recordarme que Dios no nos da una gracia hipotética, sino solo una gracia real. El punto es que cuando imaginamos todos estos escenarios de la peor situación posible, los imaginamos sin considerar la presencia y la gracia de Dios, las cuales estarían allí si la situación se hiciera realidad. Como escribió Kathy en un correo electrónico una vez: «Dios no juega a eso. No inyecta una gracia hipotética en tu pesadilla hipotética para que sepas cómo te sentirías si alguna vez terminaras realmente en esa situación».[5] Lo único que nos da es gracia para nuestra situación real. Entonces, no nos ayuda para nada reproducir una y otra vez estas situaciones en nuestra mente, y en realidad, *no* tiene en cuenta lo que Dios haría si lo que imaginamos llegara a materializarse. Lo que imaginamos es en realidad una vida en esa situación sin la presencia de Dios. Es mejor encontrar otra cosa con la cual llenar nuestras mentes. C. S. Lewis destaca algo similar cuando dice: «Recuerda que uno recibe la fortaleza para soportar lo que sucede, pero no las mil y una cosas que podrían suceder».[6]

Uno de los pasajes bíblicos a los que me encontré volviendo durante este tiempo de colapso, y en el cual todavía encuentro consuelo, es el Salmo 139, y estas conocidas palabras:

> Señor, tú me examinas, tú me conoces. Sabes cuándo me siento y cuándo me levanto; aun a la distancia me lees el pensamiento. Mis trajines y descansos los conoces; todos mis caminos te son familiares. No me llega aún la palabra a la lengua cuando tú, Señor, ya la sabes toda. Tu protección me envuelve por completo; me cubres con la palma de tu mano. Conocimiento tan maravilloso rebasa mi comprensión; tan sublime es que no puedo entenderlo (Sal. 139:1-6).

En este salmo, David se deleita en cómo Dios lo conoce por completo. Parece casi claustrofóbico.

Algunos leen estas palabras y les resultan siniestras y amenazadoras, como si estuviéramos constantemente bajo una vigilancia divina intimidante. Pero la realidad es que son liberadoras. Durante el pico de mi ansiedad, vi a un consejero y pude entender mejor lo que estaba alimentando todo esto. Empecé a comprender mis temores y cómo me estaban afectando. Esto me dio un punto de apoyo lo suficientemente fuerte como para saber cómo responder a estos miedos. Fue sumamente útil. Pero incluso ahora, no puedo afirmar que haya superado todo. Todos nosotros somos aguas profundas; algunos de nuestros temores tienen su raíz en un pasado distante. Somos criaturas complicadas. No siempre podemos llegar al fondo de nuestras inseguridades y dolores.

Así que es un gran consuelo saber que Dios nos ha sondeado y nos conoce. Puede ver en nuestro interior mucho más allá de nuestra propia capacidad para hacerlo. Todo lo que no podemos entender de nosotros, Dios no solo lo sabe, sino que también lo conoce de manera completa e íntima. Conoce mis temores mejor que yo. Y también conoce mis necesidades mejor que yo. Cuando estoy ansioso, es porque me preocupa que Dios no sepa lo que necesito en realidad, y que no vaya a ayudarme. Me preocupa que no vaya a proveer la amistad y la compañía que anhelo, o que quizás no sepa cuánto lo necesito, y que lo desestime. Así que me aferro a esto y me lo repito una y otra vez:

Dios me conoce más de lo que yo mismo me conozco.
Dios me ama más de lo que yo me amo.
Dios está más comprometido con mi gozo supremo que yo.
Así que puedo confiar en Él.

También recuerdo que la provisionalidad que siento y temo respecto a mis amistades también se aplica a todo lo demás. En realidad, esto también es cierto para los casados. No todos los matrimonios sobreviven. Los cónyuges se mueren. Conozco a personas que han perdido a sus cónyuges relativamente temprano. Casarse no es ninguna garantía de compañía de por vida. Tampoco lo es tener hijos. En este mundo trágico y caído, la vida está llena de tribulaciones para todos nosotros. No hay una situación que brinde seguridad absoluta. No importa en qué etapa de la vida nos encontremos, vivimos con incertidumbre. No es un problema de la soltería; es un problema de la vida. La única garantía es que Cristo nunca nos dejará ni nos abandonará. Él es el único que podemos estar seguros de que se quedará con nosotros.

> Aun si voy por valles tenebrosos, no temo peligro alguno porque tú estás a mi lado; tu vara de pastor me reconforta (Sal. 23:4).

Esta es la parte del Salmo 23 que nadie pone en los carteles inspiradores. Ahora, no estamos en verdes pastos ni aguas tranquilas. Estamos en el fragor de la vida. No solo recordamos que Cristo está con nosotros a través de toda nuestra vida, sino también que hay algunos lugares adonde *solo* Cristo puede acompañarnos. En los recovecos más oscuros del valle de sombra de muerte, Cristo estará con nosotros. Ni siquiera el amigo más cercano o nuestro cónyuge en la tierra puede acompañarnos a través de la muerte. En algún momento de nuestra travesía, todo amigo humano nos dejará y no podrá acompañarnos más.

Mientras reflexionaba en estos pasajes y verdades, empecé a entender que lo que en realidad anhelaba en mi alma no se encuentra en el mejor de los amigos terrenales ni en el cónyuge más maravilloso. Me di cuenta de que, incluso si tenía la mejor clase de amigos que este mundo puede ofrecer, no sería suficiente. Nunca podría serlo. Nuestros dolores y anhelos más profundos de intimidad solo encontrarán su satisfacción plena en Cristo. No estoy intentando minimizar la importancia de la amistad en este mundo, ya sea en el matrimonio o fuera de él.

Esta intimidad humana es un regalo maravilloso de parte de Dios, y algo que cada uno de nosotros necesita. Pero aunque no queremos minimizar esto, sí necesitamos relativizarlo. Nunca será lo supremo. Siempre necesitaremos algo que sea muchísimo más grande.

Recuerda a aquel amigo mío que dijo respecto a su matrimonio: «Es mucho mejor de lo que jamás esperé o de lo que merecía. Sin embargo, no es suficiente». No estaba indicando ninguna deficiencia en su matrimonio; estaba reconociendo los límites de incluso la mejor clase de intimidad que esta vida tiene para ofrecer. Si el matrimonio es en realidad la respuesta a nuestras necesidades y a nuestros anhelos más profundos, entonces todas las personas casadas que conozco no están haciendo las cosas bien. Como escribe Andrea Trevenna: «Pregúntale a algún cristiano casado sincero, y te dirá que el matrimonio no puede soportar el peso de cargar con todas nuestras esperanzas, sueños y anhelos que le imponemos».[7]

Cuando nos damos cuenta de esto, hacemos un descubrimiento importante. La clave para el contentamiento como solteros no es intentar transformar la soltería en algo que nos satisfará; es encontrar contentamiento en Cristo como solteros. La clave para el contentamiento como una persona casada no es intentar edificar un matrimonio que pueda satisfacernos; es encontrar contentamiento en Cristo como una persona casada. Esto es liberador. Significa que mi contentamiento no depende de mi estado civil, ni de la cantidad o la profundidad de mis amistades. Estos no son los determinantes más significativos de aquello que, a fin de cuentas, hará que la vida funcione. Necesitamos considerar la fuerza de estas palabras de Jesús:

> Yo soy el pan de vida [...]. El que a mí viene nunca pasará hambre, y el que en mí cree nunca más volverá a tener sed (Juan 6:35).

A través de los años, he leído estas palabras una y otra vez, y me perdí gran parte de su significado. Siempre las leía como si Jesús estuviera agregando una frase más a Su currículum. Ya sabemos que es el buen Pastor, el camino, la verdad y la vida. Ahora podemos agregar a la lista que también es el pan de vida. Pero Jesús no es el pan de vida sencillamente como un *añadido* a todas las demás cosas, sino en *oposición* a todas las demás cosas que nos vemos tentados a confundir con él. No me está informando; me está reprendiendo.

Lo pasamos por alto porque no entendemos el pan. El problema es que el pan es algo que nos gusta, pero no algo que necesitamos. Hace poco, almorcé con un amigo, y el mesero vino y nos ofreció pan para la mesa. Le dijimos que no, porque preferíamos esperar la comida. Así que cuando escuchamos que Jesús dice: «Yo soy el pan de vida», pensamos que nos está preguntando si queremos un poco de religión para la mesa.

En la época de Jesús (y todavía hoy en algunos lugares), el pan era un artículo de primera necesidad. La gente lo comía todo el tiempo, no porque les encantara el pan sino porque, en general, pan era lo único que había para comer. La falta de pan significaba falta de vida. La gente se pasaba el día trabajando para asegurarse de tener pan para comer. Si no tenías pan, te morías. Era así de sencillo. Así que, cuando Jesús dice que es el pan de vida, está diciendo que es para nuestra alma lo mismo que el pan es para un estómago famélico. Está diciendo que es el único que puede satisfacernos en lo más profundo. Es una manera de expresar que todas las demás cosas que nos vemos tentados a considerar cruciales para vivir *no* lo son. El sexo. El matrimonio. El romance. Una amistad profunda. No es que no sean importantes, pero no importan *tanto*.

Una cosa que ha cambiado en mi vida gracias a esto es algo que casi ni noté. Temprano en mi vida como cristiano, oraba fervientemente por el regalo del matrimonio. Estaba desesperado por obtenerlo. Pero hace un tiempo, noté que hacía mucho que no oraba por eso. No había tomado ninguna decisión consciente de orar menos por ello; sencillamente, se había ido haciendo menos importante para mí, y sin darme cuenta, ya no pensaba tanto en el tema. El matrimonio no se había transformado en algo menos bueno; simplemente, se volvió menos importante. Empecé a darme cuenta de que, como cristiano, no hay nada supremo que me esté perdiendo por no estar casado. El matrimonio es un regalo de Dios, pero no un regalo esencial o necesario. Lo que más necesito ya lo tengo en abundancia. Estaba empezando a encontrar mi contentamiento en Cristo.

Nada de esto necesariamente hace que la soltería sea más fácil. Las dificultades siguen siendo difíciles. En algún momento, otro buen amigo me dirá que decidió mudarse a Uzbekistán, o alguien se casará y desaparecerá del mapa. Tal vez yo termine teniendo que mudarme y empezar de cero en otra parte. Todas estas cosas serán profundamente dolorosas. Quizás, en el futuro, las circunstancias parezcan insoportables otra vez. No voy a pretender que no habrá más colapsos futuros. Pero sé que no tengo que depender de mi capacidad ni de mis fuerzas, sino en las de Dios. Piensa en estas palabras maravillosas que Pablo oró por sus amigos de Éfeso:

> … que sepan […] cuán incomparable es la grandeza de su poder a favor de los que creemos. Ese poder es la fuerza grandiosa y eficaz que Dios ejerció en Cristo cuando lo resucitó de entre los muertos y lo sentó a su derecha en las regiones celestiales, muy por encima de todo gobierno y autoridad, poder y dominio, y de cualquier otro nombre que se invoque, no solo en este mundo, sino también en el venidero (Ef. 1:18-21).

Pablo estaba orando para que sus amigos conocieran algo de la grandeza del poder de Dios. Es inmensurable. Podemos medir la fuerza de toda clase de cosas. Puedo hablarte de la bebida más poderosa del mundo, de la salsa de chile más poderosa, del veneno más poderoso o de la bomba más poderosa que se haya detonado jamás. Todas estas cosas tienen una fuerza estupenda. Pero todas se pueden medir. En cada caso, hay una escala de medida, una forma de determinar su fuerza en comparación con otras cosas. Sin embargo, el poder de Dios es inmensurable. No hay unidad de medida ni escala que se le pueda aplicar.

Pablo afirma que esta fuerza ya fue demostrada plenamente. Dios ya ejercitó este músculo en el pasado, cuando sacó a Jesús de la tumba y lo exaltó en las alturas. Este poder pudo romper en pedazos la muerte y lanzar a Cristo a la supremacía más alta. Escucha cómo lo describe Pablo: Jesús está «muy por encima de todo gobierno y autoridad, poder y dominio, y de cualquier otro nombre que se invoque». ¿Lo entendiste? Literalmente, no queda espacio para nada más. Y en caso de que hayamos divisado cierta flexibilidad de lugar, Pablo añade: «No solo en este mundo, sino también en el venidero». Nadie se acerca a Jesús. Nadie jamás lo hará. Esto es definitivo e irreversible, insuperable y permanente. Y el poder de Dios lo hizo. *Así* de poderoso es Dios.

Hay un viejo chiste sobre una visita oficial del papa a la ciudad de Nueva York. Cuando llega y se dirige al auto, insiste en que el conductor pase al asiento de atrás y le permita conducir. Esto va en contra de todo protocolo y procedimiento, pero el conductor no tiene más opción que obedecer. Si el papa quiere conducir, que así sea. Bueno, en medio de su entusiasmo por estar detrás del volante, el papa termina yendo demasiado rápido, y un oficial de tránsito lo detiene para multarlo. Al darse cuenta de que se trata del papa, le hace un llamado aterrorizado a su capitán.

—Jefe, tengo una situación. Acabo de detener a alguien por exceso de velocidad, pero es alguien muy poderoso.

—¿Es el alcalde?

—No, más importante.

—¿El gobernador del estado?

—Incluso más importante.

—Espera, ¿no me dirás que detuviste al presidente de Estados Unidos?

—Es más importante aún.

—Entonces, ¿quién es?

—No tengo idea. ¡Pero el *papa* es su conductor!

Si ese era el que estaba en el frente del auto, es difícil imaginar quién podría estar atrás. Bueno, si así de supremo es Jesús, imagina solamente lo poderoso que tiene que ser Dios para haberlo exaltado de esa manera. Y ese es el poder que Pablo ruega que sus lectores lleguen a conocer. Es fundamental conocer esta parte de la teología, poder mirar atrás a la exaltación de Jesús y verlo, porque —escucha esto— ese mismo poder es «para con nosotros los que creemos, según la operación del poder de su fuerza» (Ef. 1:19, RVR1960). Dios está desplegando el poder que hizo eso con Jesús por el bien de nosotros, Su pueblo. ¿No es extraordinario?

Para cualquiera de nosotros, la vida puede ser muy difícil. Conozco a personas cuyos matrimonios han sido la causa o la ocasión de agonía, tal como conozco a personas cuya soltería ha sido igualmente dolorosa. Incluso mientras escribía este capítulo, he vuelto a experimentar estos períodos de ansiedad. Lo que acabo de escribir de Efesios no lo escribo solo para ti; también lo escribo para mí. Necesito recordar este poder que Dios está usando por mí. Necesito saber que, aunque hay tantas cosas que exceden mi capacidad, no hay nada que supere la de Él. No tengo por qué preocuparme por enfrentar más de lo que pueda manejar; tan solo necesito preocuparme por enfrentar más de lo que Dios puede manejar. Y ese pensamiento me anima.

Conclusión

Desde que empecé a escribir este libro, un buen amigo se comprometió, otro consiguió un trabajo en un país extranjero y yo he estado viviendo en Estados Unidos en una especie de asignación de cinco meses. Así que las cosas han estado dando vueltas últimamente. La vida no suele permanecer quieta. He aprendido a conducir al otro lado de la carretera. He tenido que cambiar el corrector ortográfico en mi computadora a inglés de Estados Unidos, lo cual parece un tipo de traición a mi país. Pero por otro lado, he sido un embajador leal del Marmite, una sabrosa pasta británica que a la mayoría de los estadounidenses les parece similar a lo que se les saca a los pájaros angustiados que se rescatan de algún lugar donde hubo un derrame de petróleo. Para ser sincero, tiene un sabor bastante parecido a eso también.

No tengo idea de lo que traerá el año que viene. Parte de mí siente que el Señor me está impulsando a mudarme, lo cual, de solo pensarlo, me aterroriza. Pero también, el pensar en no mudarme a veces me aterra más, si Dios quisiera que me quede donde estoy. La verdad es que no lo sé. Le pido a Dios que me guíe y me muestre las cosas claramente.

La realidad de que Dios no cambia es un consuelo cada vez más grande. No quiere decir que sea estático. Siempre se está moviendo. Sin embargo, es constante. Nunca cambia las reglas del juego ni cambia de opinión abruptamente respecto a lo que estaba haciendo. No pasa por distintas fases. No está siempre siguiendo las últimas modas. Nos sorprende, pero solo en el sentido de asombrarnos con comprensiones cada vez más profundas de quién siempre ha sido y de la manera en la que siempre ha obrado. Que un Dios inmutable se las arregle para seguir sorprendiéndonos de una u otra manera probablemente dice más sobre nosotros que sobre Él. Dios va en sentido contrario a nuestra lógica.

Nuestra respuesta a un Dios así no debe ser preocuparnos. No debe ser desear que se parezca más a nosotros, que esté más alineado con nuestra manera de pensar y actuar. En cambio, tenemos que conformarnos a Él. Dios es mucho más inteligente que nosotros.

Doy gracias porque pertenezco a una iglesia que usa el Padre nuestro habitualmente en la adoración corporativa. Esta oración llega al centro de lo que hace que Jesús sea tan distinto de cualquier otro sistema de creencias. Impacta todos nuestros instintos:

Padre nuestro que estás en el cielo,
santificado sea tu nombre,
venga tu reino,
hágase tu voluntad
en la tierra como en el cielo.
Danos hoy nuestro pan cotidiano.
Perdónanos nuestras deudas,
como también nosotros hemos perdonado a nuestros deudores.
Y no nos dejes caer en tentación,
sino líbranos del maligno,
porque tuyos son el reino y el poder y la gloria para siempre.
Amén (Ver Mat. 6:9-13).

Cuando Jesús nos enseña a orar, no busca que Dios se adapte a nuestras formas, sino que quiere moldearnos a Su forma. Oramos por Su nombre, Su reino y Su voluntad. No solo debemos orar pidiendo estas cosas, sino que, cuando lo hacemos, nos encontramos anhelándolas cada vez más. Sé que elevar mi nombre, implementar mi agenda y aumentar mi poder no me bendecirá a mí ni a nadie. El mundo no será un lugar mejor si se conforma a la visión que tengo sobre él. En mis mejores días, soy lo suficientemente consciente de esto como para orar tal como Jesús me instruye. *Señor, por favor no me des lo que quiero; dame lo que tú quieres.*

Cuando empecé este proyecto, mi objetivo inicial era escribir sobre las bondades de la soltería. Hoy en día, se le suele difamar o rebajar en la iglesia. Quería reparar eso. Todavía lo quiero, y espero que este libro ayude. Pero en medio de todo, cada vez he estado más absorto en algo: no en las bondades de la soltería, sino en la bondad de Dios. El tema no es si este o aquel camino es mejor; si la soltería o el matrimonio pueden traerme más cosas buenas. El tema es Dios, y si me sumergiré en Él y confiaré en Él cada día.

Magistralmente, David nos recuerda: «La bondad y el amor me seguirán todos los días de mi vida» (Sal. 23:6). Una traducción más literal de «seguirán» es «buscarán». No podremos escaparnos de la bondad y del amor de Dios. Son como una caravana espiritual que siempre nos acompañará. Cuanto más lo entendamos, menos terminará importándonos si somos solteros o casados. Apuntemos más de Dios, con la garantía de que, pase lo que pase, nunca dejaremos atrás Su bondad para con nosotros.

Apéndice

Cuatro maneras de evitar el pecado sexual

La vida tiene su veta. Al igual que el papel y la madera, tiene su propia direccionalidad integrada. El universo está diseñado de tal manera que contiene una estructura subyacente. Sigue cierto patrón con ciertos contornos. Para vivir bien, necesitamos vivir de manera que vaya con esta veta, y no en contra. Aquí es donde interviene el Libro de Proverbios.

Proverbios 5 nos habla de cómo el pecado sexual va contra la veta de nuestro diseño. El principal destinatario es el joven casado, y el pasaje le advierte contra la mujer adúltera. Tal vez no seas joven, ni estés casado, o no seas un hombre. Sin embargo, la sabiduría de este texto se aplica a ti tanto como a cualquier otra persona. Cometer adulterio con una mujer no es la única forma de pecado sexual, pero sigue un patrón común para todos. Escuchar este pasaje nos ayuda a todos.

A medida que se desarrolla, el pasaje nos presenta cuatro pasos que debemos dar para evitar el pecado sexual.

1. Huye de la tentación

El autor empieza con una exhortación a escuchar:

151

Hijo mío, pon atención a mi sabiduría y presta oído a mi buen juicio (v. 1).

La realidad es que hay distintas formas de escuchar. Podemos escuchar de una manera inactiva, como la persona de 40 años que escucha a un miembro de cabina de una aerolínea explicar cómo abrocharse el cinturón de seguridad. Puedes hacer varias cosas al mismo tiempo, sin perder ningún dato de importancia. Después, hay otra manera de escuchar muy diferente, como cuando un médico te está explicando cómo un medicamento podría salvarte la vida. Te aferras a cada palabra y no te pierdes ni una sola sílaba. Proverbios se refiere a escuchar de esta segunda manera. Presta atención. Escucha bien. Esto podría salvarte la vida.

Es más, escucha bien esto y te transformarás en la clase de persona que otros deberían escuchar:

Para que al hablar mantengas la discreción y retengas el conocimiento (v. 2).

Entonces, ¿por qué es tan importante? Bueno, los labios pueden preservar el conocimiento, y también pueden destilar miel. Entra la adúltera:

De los labios de la adúltera fluye miel; su lengua es más suave que el aceite (v. 3).

Observa que el autor da por sentado que enfrentaremos esta clase de tentación. Se supone que el atractivo del pecado sexual tendrá cierta dulzura y suavidad. Suena bien. Percibimos que tendrá buen sabor. Ser tentado de esta manera no es una indicación de que hemos fallado como cristianos, sino de que somos cristianos normales. Si tuviéramos alguna clase de inmunidad, este versículo no tendría por qué estar en la Biblia. Pero aquí está, y el autor da por sentado que los lectores lo necesitamos.

Lo necesitamos muchísimo. Si estás leyendo este pasaje, eres la clase de persona que necesita saber cómo funciona el pecado sexual, para poder estar preparado para combatirlo.

Así que, la primera lección es esta: el pecado sexual es atractivo. No lo neguemos. Tiene una textura y un sabor que apelan a corazones rotos y distorsionados como los nuestros.

Esto es cierto respecto a toda tentación. Ninguna tentación se nos presenta como algo horrible: «Oye, aquí tienes un pecado verdaderamente espantoso para que le hinques el diente. Te arruinará por completo la vida y te dejará sintiéndote asqueado para siempre. ¿Quieres probarlo?». No; el pecado es mucho más atractivo. Parece algo natural, como si fuera a suplir una necesidad profunda, como si estuviera de tu lado. Esto quizás es especialmente cierto en cuanto a la tentación sexual.

Proverbios 5 claramente supone que es cierto tanto para la tentación como para la persona que nos tienta. Hay ciertas clases de personas con las cuales la Biblia nos prohíbe tener intimidad sexual. Puede ser una persona casada, o tú estár casado. Puede tratarse de un no creyente, mientras que tú sí lo eres. O es una persona de tu mismo género. La Biblia es muy clara sobre estas cosas. Pero cuando estamos en medio del calor de la tentación, parece algo muy distinto. La tentación parece tan encantadora, y esta clase de intimidad parece tan correcta. Nada se percibe como particularmente equivocado al respecto. El pecado destila miel y habla con la suavidad de la seda. Pero la promesa no podría ser más distinta que los resultados reales.

El pecado sexual es atractivo. Nos hacemos un favor si no fingimos lo contrario. Tenemos que reconocer que no estamos por encima de esta clase de pecado.

El pecado sexual también es adictivo. Veamos cómo termina todo esto:

> Al malvado lo atrapan sus malas obras; las cuerdas de su pecado lo aprisionan (v. 22).

Solemos pensar que el pecado sexual es un medio para aliviar la tensión. Estamos luchando con la tentación, y esta es simplemente una forma de desahogarnos. Creemos que después podremos seguir adelante y volver al camino correcto. Pagamos lo que debíamos, así que la tentación retrocederá.

Pero no es así. En realidad, lo opuesto es verdad. Estos son actos que nos atrapan y nos atan. Cada vez que cedemos al pecado sexual, le estamos dando más control sobre nosotros. Nos estamos entrenando para conseguir satisfacción sexual de esa manera particular. Estamos cediendo ante ella. Como sucede con cualquier apetito, cuanto más lo alimentamos, más crece. Con el tiempo, hará falta más y más para que se satisfaga. Cuanto más lo hacemos, más sentiremos la necesidad de hacerlo, más fácil nos resultará hacerlo y más difícil será detenernos. Tendrá un poder cada vez mayor sobre nosotros. Con cada paso, nos atrapa un poco más.

Así que, lo que debemos hacer es muy sencillo. Tenemos que huir:

> Pues bien, hijo mío, préstame atención y no te apartes de mis palabras. Aléjate de la adúltera; no te acerques a la puerta de su casa (vv. 7-8).

Es fácil pensar que somos la clase de persona que puede acercarse al pecado y detenerse antes de que sea demasiado tarde. Creemos que no pasará nada si avanzamos un poco por este camino y luego nos volvemos cuando hayamos llegado lo suficientemente lejos. Esperamos poder negociar con el pecado. Pero la sabiduría bíblica dice lo contrario. Corre, no camines para huir de esto. Ni te le acerques. Ni siquiera lo mires. Sería un eufemismo afirmar que no soy un buen corredor. En las raras ocasiones en las que he decidido salir a correr, usar la palabra *correr* es bastante generoso. En esencia, camino con un pequeño rebote. La gente que camina con un andador puede pasarme tranquilamente. Incluso los que están parados y quietos tienen una buena posibilidad de pasarme.

Hace unos años, caminaba a casa tarde una noche y decidí ahorrar tiempo tomando un atajo a través de un callejón. Ya sabes que en toda historia, la mención de un callejón no puede traer nada bueno. En fin, descubrí que había tres o cuatro muchachos en el callejón. Decidí pasar caminando junto a ellos y parecer completamente calmo. Pero mientras pasaba, uno de ellos me saltó encima. No tengo idea de cuál era su intención; si quería robarme, atacarme o darme un buen susto. No me quedé lo suficiente como para averiguarlo. Mis pies apenas si tocaron el suelo durante el último tramo hasta mi casa. Esa noche, descubrí que puedo correr bastante rápido.

Así que la pregunta es: ¿cuál de estas dos formas de correr caracterizan nuestra huida del pecado sexual? ¿Corremos de una manera simbólica, sin prisa? ¿O con una urgencia de vida o muerte? Huir del pecado sexual significa mantener deliberadamente la mayor distancia que podamos de él. Implica hacer todo lo que podamos para evitarlo. Para algunos de nosotros, significa restringir lo que miramos en línea, no mirar ciertos programas de televisión o tener más cuidado con las situaciones sociales de las cuales participamos; o quizás signifique romper la relación con alguien, aun si esa persona significa todo para nosotros, o quizás incluso tengamos que cambiar de trabajo. La pregunta no es qué sería suficiente para evitar el pecado, sino qué es lo máximo que podemos hacer. Proverbios afirma que vale la pena tomar un largo desvío con tal de no pasar ni siquiera cerca.

Si algo de esto te parece una reacción exagerada, escucha una vez más cómo termina todo:

> Morirá por su falta de disciplina; perecerá por su gran insensatez (v. 23).

El pecado sexual es atractivo y adictivo, una combinación letal. Nos enviará al medio de los matorrales, e incluso a la tumba. Cualquier acción y sacrificio valen la pena para evitarlo.

2. Considera el futuro

Ya hemos visto algo sobre por qué el pecado sexual es tan tentador. Ahora veremos más sobre a dónde conduce. El autor quiere que veamos dónde termina todo al final:

> Porque al final acabarás por llorar, cuando todo tu ser se haya consumido (v. 11).

El pecado sexual tiene consecuencias. No importa cuánto nos refiramos a él como una «aventura» o «algo de una sola noche», la realidad es que no es tan sencillo contener al pecado sexual. Podemos terminar viviendo con las consecuencias durante el resto de nuestra vida. Vemos cuáles son algunas de estas. Así que escucha cómo será tu futuro si decides transitar este camino. Y observa la nota dominante de reproche:

> Aléjate de la adúltera; no te acerques a la puerta de su casa, para que no entregues a otros tu vigor, ni tus años a gente cruel; para que no sacies con tu fuerza a gente extraña, ni vayan a dar en casa ajena tus esfuerzos (vv. 8-10).

El pecado sexual te cuesta tu fuerza. Tu energía y tu vitalidad se dedican a tener que lidiar con las consecuencias. Podría tratarse de cualquier cosa, desde el resentimiento al chantaje, desde demandas judiciales a la manutención infantil. Tus recursos

—económicos, físicos y emocionales— se gastan en esto. Puede quitarte muchos años.

La advertencia continúa:

Porque al final acabarás por llorar, cuando todo tu ser se haya consumido. Y dirás: «¡Cómo pude aborrecer la corrección! ¡Cómo pudo mi corazón despreciar la disciplina! No atendí a la voz de mis maestros, ni presté oído a mis instructores. Ahora estoy al borde de la ruina, en medio de toda la comunidad» (vv. 11-14).

El pecado sexual parece tan atractivo ahora, pero adelanta hasta el final, y todo se ve muy distinto.

La realidad es que la experiencia no es la mejor manera de aprender. No en este tema. He escuchado a varios padres decir que, en cuanto a sus hijos y este tema, lo mejor es que aprendan de sus propios errores. Un poco de romper los límites por aquí y otro poco de dolor por allá, y así aprenderán algunas lecciones importantes para la vida. Todo es parte de crecer. Déjalos que avancen sin ninguna interferencia de los padres.

Es gracioso, pero todavía no he conocido a ningún padre que tenga un enfoque similar en lo que se refiere a que sus hijos aprendan a conducir. «No les diré lo que tienen que hacer. Que se estrelle con un par de árboles y aprenderá solito». Sabemos que las consecuencias de un error detrás del volante pueden ser demasiado serias como para arriesgarnos a que nuestros hijos se equivoquen. Sin embargo, las consecuencias de los errores que se cometen en el dormitorio pueden ser igual de serias.

Así que escucha a tu posible futuro yo. El pecado sexual parece agradable ahora. Pero podría costarte todo. Tu alegría, tu fuerza. Podría terminar drenándote la vida. Lo que hacemos ahora puede bendecirnos o perseguirnos toda la vida. Sé que en este momento no parece que sea así, pero lo es. Lo será. Conozco a algunas personas de entre 40 y 60 años cuyas vidas son un desastre por la manera en que vivieron cuando tenían entre 20 y 40 años. Así que cuida a tu futuro yo. Escucha lo que dice este hombre:

> Y dirás: «¡Cómo pude aborrecer la corrección! ¡Cómo pudo mi corazón despreciar la disciplina! No atendí a la voz de mis maestros, ni presté oído a mis instructores» (vv. 12-13).

No seas tan orgulloso como para no escuchar a la sabiduría. No supongas que ya sabes lo que necesitas saber sobre todo esto. No creas que tus instintos están lo suficientemente desarrollados. No importa cuánto tengas resuelto de todo esto, todo lo que aún necesitas aprender supera lo que jamás podrías imaginar.

3. Defiende tu matrimonio

Hasta ahora, hemos dado razones negativas para evitar el pecado sexual. Sin embargo, para el joven tentado a cometer adulterio, el escritor también tiene algo positivo para decirle. Tiene que ver con lo abrumadoramente positivo que es defender su matrimonio. Así que el pasaje le aconseja que disfrute de la plenitud sexual dentro del mismo:

> Bebe el agua de tu propio pozo, el agua que fluye de tu propio manantial. ¿Habrán de derramarse tus fuentes por las calles y tus corrientes de aguas por las plazas públicas? Son tuyas, solamente tuyas, y no para que las compartas con extraños. ¡Bendita sea tu fuente! ¡Goza con la esposa de tu juventud! Es una gacela amorosa, es una cervatilla encantadora. ¡Que sus pechos te satisfagan siempre! ¡Que su amor te cautive todo el tiempo! (vv. 15-19).

Recuerdo cuando empecé a leer la Biblia por primera vez. Éramos un grupo de adolescentes que nos juntábamos a hablar de lo que estábamos leyendo. Aunque todos éramos bastante nuevos en esto de la lectura y el debate de la Biblia, no nos llevó mucho tiempo descubrir esta referencia a los pechos en Proverbios 5. Nos pareció graciosísimo que la Biblia hablara de los pechos. Pero esto tan solo demuestra que nuestro cristianismo era más mojigato que el de la Biblia. A la Biblia no le da ninguna vergüenza el disfrute del sexo en el matrimonio. Es más, mi yo adolescente no había descubierto nada aún. Algunas de las imágenes que aparecen aquí dejan poco librado a la imaginación:

> Bebe el agua de tu propio pozo, el agua que fluye de tu propio manantial (v. 15).
> ¡Bendita sea tu fuente! ¡Goza con la esposa de tu juventud! (v. 18).

«Pozo» y «manantial» son dos imágenes de la sexualidad femenina, así como la fuente se refiere a la sexualidad masculina. No debería sorprendernos ver esta clase de imágenes en la Biblia. Después de todo, Dios es el inventor del sexo. Él fue el que diseñó la sexualidad humana y permitió que los esposos disfrutaran de su unión sexual. Es algo para disfrutar y celebrar. No nos dio solo un medio funcional de procreación, sino también uno profundamente placentero. Se podría decir que es de esperar. Dios es trino; eternamente Padre, Hijo y Espíritu Santo. Sabemos que estas tres personas de la Trinidad se deleitan en su unión profunda, y que este amor se derrama sobre la creación de nueva vida. Tal vez no sea ninguna sorpresa que nos haya creado con la capacidad de experimentar una unión tan profunda y gozosa que también sea el medio de traer una nueva vida al mundo.

Es importante recordar que el disfrute en el sexo fue diseñado para ser totalmente mutuo. Este pasaje está dirigido a un hombre, así que habla desde su perspectiva. Pero es igualmente cierto sobre la manera en la cual la esposa debe deleitarse y embriagarse del amor sexual de su esposo. El apóstol Pablo lo deja en claro en el Nuevo Testamento:

> El hombre debe cumplir su deber conyugal con su esposa, e igualmente la mujer con su esposo. La mujer ya no tiene derecho sobre su propio cuerpo, sino su esposo. Tampoco el hombre tiene derecho sobre su propio cuerpo, sino su esposa (1 Cor. 7:3-4).

Tanto el esposo como la esposa deben defender su matrimonio al deleitarse en su unión sexual. Entonces, el autor de Proverbios concluye:

> ¿Por qué, hijo mío, dejarte cautivar por una adúltera? ¿Por qué abrazarte al pecho de la mujer ajena? (v. 20).

Me encanta el realismo de la Biblia. Se ofrece una alternativa para dejarse cautivar. Una vez más, no nos dice que evitemos el adulterio porque no será nada placentero. Lo contrario es verdad. Puede parecer tan apasionante y vertiginoso como la satisfacción romántica dentro del matrimonio. Pero sabemos lo devastadoras que pueden ser las consecuencias del adulterio. Pueden arruinar toda una vida; emocional, física, espiritual y económica. El Nuevo Testamento lo resume con asombrosa destreza como «los efímeros placeres del pecado» (Heb. 11:25). Hay placer. No nos ayudará a resistir la tentación hacer como si esto no fuera cierto. Pero el placer es efímero. Algunos momentos de embriaguez, sí. Pero después viene la ruina.

Así que, amigos casados, defiendan su matrimonio. Esfuércense por cultivar su vida sexual. Algunos de los que no estamos casados no podríamos imaginar que se nos diera el mismo consejo, pero la triste realidad es que una vida sexual saludable en el matrimonio no es algo automático. Incluso parejas jóvenes me han confesado que no han tenido relaciones sexuales en muchos meses; en algunos casos, años. Las parejas más grandes suelen tener que luchar con cambios en la libido y con los efectos que el envejecimiento tiene sobre la sexualidad, y tienen que poder hablar de estas cosas. Y probablemente no haga falta decirlo, invertir en una vida sexual saludable no será una empresa exitosa si no se invierte en la relación matrimonial en general, edificando y profundizando la amistad que yace en el centro. Pero ¿qué hay de los que somos solteros? Esta clase de charla puede resultar dolorosa. Es difícil escuchar sobre la embriaguez de la satisfacción sexual. Es algo que muchos de nosotros anhelamos pero nunca tuvimos, o que antes tuvimos y ahora tememos que nunca volvamos a experimentar.

Sin embargo, nosotros también tenemos que acatar esta enseñanza de Proverbios. Tenemos que orar por los matrimonios que nos rodean, para que florezcan y el Señor los guarde. Tenemos un interés personal en que se mantengan fuertes. Esto puede requerir que les preguntemos a nuestros amigos casados cómo podemos apoyarlos como esposos. Tenemos que sostener la enseñanza de la Biblia en nuestras propias vidas, honrando el lecho matrimonial al llevar una vida de pureza. Y tenemos que defender el matrimonio que tenemos en Cristo. Todo esto que puede costarnos escuchar sobre una satisfacción embriagante es una imagen de lo que experimentaremos en la eternidad con Cristo. Estamos comprometidos con el Señor, y debemos honrar nuestra relación con Él al permanecer fieles a Él.

4. Recuerda que Dios está mirando

Todo lo que hacemos y pensamos se lleva a cabo a plena vista de Dios:

> Nuestros caminos están a la vista del Señor; él examina todas nuestras sendas (Prov. 5:21).

A la mirada de Dios no se le pasa por alto nada de lo que hacemos. Y a menos que creamos que tiene algún problema para ver lo que hacemos, la segunda parte de Proverbios 5:21 nos recuerda que todo lo que Él ve, lo examina y lo medita. Reflexiona y sopesa todos nuestros caminos en Su mente.

Esto es una advertencia para nosotros.

Algunos somos especialistas en salirnos con la nuestra en toda clase de situaciones. En un mundo tan conectado como el nuestro, incluso es posible llevar una doble vida. Las aventuras amorosas se pueden ocultar y las adicciones se pueden llevar a cabo completamente en privado. Podemos tener la habilidad de mirar toda clase de material en nuestros dispositivos electrónicos, y tal vez nadie se entere. Algunos que estén leyendo esto quizás no tengan idea de que su cónyuge les está siendo infiel, o de que su hijo está mirando una pornografía espantosa en su teléfono.

Sin embargo, nada escapa al escrutinio de Dios. Sencillamente, es imposible.

Hace un tiempo, había una obra importante en una de las autopistas más grandes cerca de mi casa, ya que estaban añadiendo un par de carriles nuevos y mejorando otros. Esto implicó que durante alrededor de un año, solo se podía usar la mitad de los carriles mientras la construcción estaba en marcha. Además de una mayor congestión en el tránsito, esto también supuso un menor límite de velocidad, y colocaron cámaras para controlar la velocidad de todos los autos. Fue la primera vez que muchos de nosotros veíamos esta clase de cámaras. Un amigo que iba a trabajar todos los días por esta autopista descubrió algunas maneras de evadir las cámaras. Sabía dónde estaba colocada cada una y se las arreglaba para escabullirse detrás de un camión grande en el momento preciso para evitar que lo vieran. Sin la inspección de las cámaras, podía conducir tan rápido como quería.

Eso tal vez funcione con una cámara de velocidad. No funciona con Dios. Tal vez podamos engañar a otras personas; pero nunca podremos engañar a Dios. Sencillamente, no hay pensamiento que no haya visto ni nada que no conozca. Conoce cada sitio web que hemos visitado y cada fantasía que se nos ha pasado por la mente. Los secretos mismos de nuestro corazón están a Su plena vista. Él entiende completamente cuestiones que ni siquiera nosotros sabemos de nuestras motivaciones y lujurias. Nada se le escapa. Es imposible engañarlo. El libro de Hebreos nos recuerda:

> Ninguna cosa creada escapa a la vista de Dios. Todo está al descubierto, expuesto a los ojos de aquel a quien hemos de rendir cuentas (Heb. 4:13).

No hay ninguna seguridad en alguna navegación de incógnito. Dios ve cada palabra que escribimos en nuestro buscador. Dios ve. Dios examina. Y un día, daremos cuenta de cada cosa que hayamos pensado y hecho.

Sin embargo, también hay aliento en estos versículos. Dios ve nuestro pecado. También ve cada esfuerzo por ser puro y por agradarle. Conoce las cosas que nos cuestan; sabe lo que estamos atravesando. Hay momentos en que podemos vernos atacados por tentaciones sexuales, y puede ser angustiante. Nos abaten algunas de las inclinaciones de nuestro propio corazón. Anhelamos que nuestros deseos sean puros y piadosos en lugar de desordenados y viles. Huimos y peleamos, pero quedamos desanimados y agotados. Dios también ve estas cosas. Y más que eso, como Hebreos también nos recuerda:

> Por lo tanto, ya que en Jesús, el Hijo de Dios, tenemos un gran sumo sacerdote que ha atravesado los cielos, aferrémonos a la fe que profesamos. Porque no tenemos un sumo sacerdote incapaz de compadecerse de nuestras debilidades, sino uno que

ha sido tentado en todo de la misma manera que nosotros, aunque sin pecado (Heb. 4:14-15).

Todos tenemos diversas luchas. Quizás nadie parezca entender la clase de lucha que enfrentas o conocer el dolor que sientes mientras batallas la tentación. Pero Jesús sí lo entiende. Él sufrió con nosotros. Y sufrió por nosotros. Eso lo transforma en un excelente Salvador al cual orar. Mientras recolectamos heridas de batallas de la vida en este mundo y acudimos a Él desesperados por Su ayuda y Su protección, Él no pone los ojos en blanco con desdén. Cuando nos acercamos con un arrepentimiento genuino por las veces en que hemos fallado, no da un paso atrás cruzado de brazos. Se acerca a nosotros a medida que nos acercamos a Él. Mientras nos esforzamos por serle fieles, a menudo en medio de un mundo indiferente y desdeñoso, Él nos ve. Nuestros esfuerzos para Él nunca pasan inadvertidos.

Notas

Introducción

1. Ver John Lloyd y David Mitchinson, *The QI Book of General Ignorance* (Faber & Faber, 2006).
2. Ver Albert Y. Hsu, *The Single Issue* (Londres: InterVarsity Press, 1998), 9.
3. Citado en Kate Wharton, *Single-Minded: Being Single, Whole and Living Life to the Full* (Oxford, UK: Monarch, 2013), 29.

Capítulo 1: La soltería es demasiado difícil

1. Doy gracias a mi amigo Ed Shaw por señalar estas cosas. Ver su obra, *Same-Sex Attraction and the Church: The Surprising Plausibility of the Celibate Life* (Downers Grove, IL: InterVarsity Press, 2015), 105.
2. Para un diálogo más detallado sobre este tema, ver D. A. Carson, Mateo 13–28, comentario bíblico *Expositor's Bible Commentary* (Grand Rapids, MI: Zondervan, 1995), 419.
3. Ver Barry Danylak, *Redeeming Singleness: How the Storyline of Scripture Affirms the Single Life* (Wheaton, IL: Crossway, 2010), 153.
4. *Ibid.*, 157.
5. Vaughan Roberts, *True Spirituality: The Challenge of 1 Corinthians for the Twenty-First-Century Church* (Nottingham, UK: InterVarsity Press, 2011), 101.

Capítulo 2: La soltería requiere un llamado especial

1. Mike Cosper, *The Stories We Tell: How TV and Movies Long for and Echo the Truth* (Wheaton, IL: Crossway, 2014). De paso, un libro excelente.
2. Albert Y. Hsu, *The Single Issue* (Londres: InterVarsity Press, 1998), 55.
3. *Ibid.*

4. Timothy Keller, *The Meaning of Marriage* (Nueva York: Dutton, 2011), 207-8.
5. *Ibid.*
6. Vaughan Roberts, *True Spirituality: The Challenge of 1 Corinthians for the Twenty-First-Century Church* (Nottingham, UK: InterVarsity Press, 2011), 88.
7. Paul Barnett, *1 Corinthians: Holiness and Hope of a Rescued People, Focus on the Bible* (Ross-shire, UK: Christian Focus: 2000), 112.
8. Roberts, *True Spirituality*, 90.
9. John MacArthur, conferencia «Children in the Shade», Conferencia nacional del *Council for Biblical Manhood and Womanhood*, abril de 2016, último acceso: agosto de 2017, https://www.youtube.com /watch?v=D7S_zeOxd-g.
10. Keller, *The Meaning of Marriage*, 201-2.
11. Ver Ben Sasse, *The Vanishing American Adult: Our Coming-of-Age Crisis and How to Rebuild a Culture of Self-Reliance* (Nueva York: St. Martin's Press, 2017).

Capítulo 3: La soltería significa cero intimidad

1. C. S. Lewis, *The Four Loves* (1960; reimpresión. Nueva York: HarperCollins, 2002), 73.
2. Ed Shaw, *Same-Sex Attraction and the Church: The Surprising Plausibility of the Celibate Life* (Downers Grove, IL: IVP Books, 2015), 71.
3. *Ibid.*, 72.
4. Lewis, *Four Loves*, 70.
5. Wesley Hill, *Spiritual Friendship: Finding Love in the Church as a Celibate Gay Christian* (Grand Rapids, MI: Brazos Press, 2015), 8.
6. Lewis, *Four Loves*, 70.
7. Raymond C. Ortlund Jr., *Proverbs*, Preaching the Word (Wheaton, IL: Crossway, 2012), 166.
8. Lewis, *Four Loves*, 74.
9. Derek Kidner, *Proverbs*, Comentarios del Antiguo Testamento de Tyndale, ed. Donald J. Wiseman (1968; reimpr. Downers Grove, IL: IVP Academic, 2008), 158.

Capítulo 4: La soltería significa renunciar a la familia

1. Si eres particularmente observador, tal vez te hayas dado cuenta de que Jesús no prometió «padres» en este versículo. Lo más probable es que esto refleje lo que Jesús dice en otras partes sobre los padres: «Y no llamen "padre" a nadie en la tierra, porque ustedes tienen un solo Padre, y él está en el cielo» (Mat. 23:9). Esto puede malinterpretarse fácilmente si no se lee junto con otros comentarios que Jesús

hace. En otras partes, refuerza el mandamiento del Antiguo Testamento de «honra a tu padre y a tu madre» (Ex. 20:12), y reprende a aquellos que no lo hacen (ver Mar. 7:9-13). Por lo tanto, Jesús no nos está pidiendo que neguemos a nuestros padres terrenales (seguimos teniendo una obligación con ellos), sino que usa una hipérbole para mostrar cómo la paternidad de Dios eclipsa todas las demás.

2. Ed Shaw, *Same-Sex Attraction and the Church: The Surprising Plausibility of the Celibate Life* (Downers Grove, IL: IVP Books, 2015), 42.

3. Andrea Trevenna, *The Heart Of Singleness: How to be Single and Satisfied* (Purcellville, VA: Good Book Co., 2013), 90.

4. Rosaria Butterfield, *The Gospel Comes with a House Key* (Wheaton, IL: Crossway, 2018).

5. Raymond C. Ortlund Jr., *Proverbs*, Preaching the Word (Wheaton, IL: Crossway, 2012), 168.

6. John Piper, *This Momentary Marriage: A Parable of Permanence* (Wheaton, IL: Crossway, 2009), 109.

7. *Ibid.*, 110.

8. Barry Danylak, *Redeeming Singleness: How the Storyline of Scripture Affirms the Single Life* (Wheaton, IL: Crossway: 2010), 141.

9. Piper, *This Momentary Marriage*, 111.

10. C. S. Lewis, *The Great Divorce* (1946; reimpresión. Londres: HarperCollins, 2002), 119. Bethany Jenkins hace referencia a la misma sección en «Turning 40 While Single and Childless», sitio web de The Gospel Coalition, 5 de octubre de 2016, último acceso: 8 de julio de 2017, https://www.thegospelcoalition.org/article/turning-40-while-single-and-childless.

11. Jenkins, «Turning 40 While Single and Childless».

12. Matthew Anderson (@mattleeanderson), Twitter, 28 de abril de 2017.

Capítulo 5: La soltería dificulta el ministerio

1. Albert Mohler, «*Must a Pastor Be Married?* The New York Times Asks the Question», AlbertMohler.com, último acceso: 3 de julio de 2017, http://www.albertmohler.com/2011/03/25/must-a-pastor-be-married-the-new-york-times-asks-the-question/.

2. Citado en Erik Eckholm, «Unmarried Pastor, Seeking a Job, Sees Bias», sitio web del *New York Times*, 21 de marzo de 2011, último acceso: 3 de julio de 2017, http://www.nytimes.com/2011/03/22/us/22pastor.html?_r=2.

3. Barry Danylak, *Redeeming Singleness: How the Storyline of Scripture Affirms the Single Life* (Wheaton, IL: Crossway, 2010), 158.

4. *Ibid.*; énfasis original.

Capítulo 6: La soltería desperdicia tu sexualidad

1. «N. T. Wright on Gay Marriage», *First Things*, https://www.firstthings
.com/blogs/firstthoughts/2014/06/n-t-wrights-argument-against-same
-sex-marriage, último acceso: 30 de junio de 2018.
2. N. T. Wright, «From Genesis to Revelation: An Anglican Perspective»,
en *Not Just Good, but Beautiful: The Complementary Relationship
between Man and Woman*, ed. Helen Alvaré y Steven Lopes (Walden,
NY: Plough, 2015), 87.
3. Doy gracias a Ray Ortlund por mostrarme esta sorpresa.
4. Raymond C. Ortlund Jr., *Marriage and the Mystery of the Gospel*
(Wheaton, IL: Crossway, 2016), 19.
5. Wright, *From Genesis to Revelation*, 88.
6. Raymond C. Ortlund Jr., *Proverbs*, Preaching the Word (Wheaton,
IL: Crossway, 2012), 16.
7. *Ibid.*, 100.
8. Wright, *From Genesis to Revelation*, 96.
9. «La forma de solemnizar el matrimonio» en el *Libro de Oración
Común*.
10. Glynn Harrison, A Better Story: *God, Sex, and Human Flourishing*
(Londres: InterVarsity Press, 2016), 136-7.
11. *Ibid.*, 153.
12. *Ibid.*, 137.

Capítulo 7: La soltería es fácil

1. C. S. Lewis, *The Four Loves* (1960; reimpresión Nueva York:
HarperCollins, 2002), 78.
2. Kate Wharton, *Single-Minded: Being Single, Whole and Living Life
to the Full* (Oxford, UK: Monarch, 2013), 21.
3. Ed Shaw, *Same-Sex Attraction and the Church: The Surprising
Plausibility of the Celibate Life* (Downers Grove, IL: InterVarsity
Press, 2015), 61.
4. Carrie English, «A Bridesmaid's Lament: Doesn't Friendship Deserve
Some Fanfare, Too?», sitio web del Boston Globe, 12 de junio de
2011, último acceso: 6 de junio de 2018, http://archive.boston.com
/lifestyle/weddings/articles/2011/06/12/a_bridesmaids_lament/.
5. Kathy Keller, correo electrónico personal, 8 de agosto de 2017.
6. C. S. Lewis, carta a Mary Willis Shelburne, en *The Collected Letters
of C. S. Lewis*, 3 vols. (Nueva York: HarperCollins, 2007), 3:776.
Doy gracias a Betsy Howard por señalar esta cita.
7. Andrea Trevenna, *The Heart Of Singleness: How to be Single and
Satisfied* (Purcellville, VA: Good Book Co., 2013), 48.

Índice general

*Si el matrimonio nos muestra
la forma del evangelio,
la soltería nos muestra su suficiencia.*

Gran parte de lo que solemos suponer sobre la soltería —que se trata fundamentalmente de la ausencia de cosas buenas como la intimidad, la familia o un ministerio significativo— es directamente mentira o, al menos, no debería ser cierto. A menudo pensamos que ser soltero implica estar solo e impedido en lo espiritual.

Sin embargo, la Biblia pinta una imagen muy distinta de la soltería: es un regalo positivo y una bendición de Dios. Este libro busca ayudar a los cristianos —casados y solteros por igual— a valorar la soltería como un regalo de Dios, para que todos podamos animar a los solteros a aprovechar las oportunidades únicas que les brinda su soltería y a ver el papel que cumplen en el florecimiento de la iglesia como un todo.

«Sería un gran error que pensáramos que se trata de un libro para solteros solamente. Si Sam tiene razón (y la tiene), toda la iglesia debe entender la enseñanza bíblica sobre este tema».
Timothy J. Keller
Pastor emérito,

Iglesia presbiteriana Redeemer
Ciudad de Nueva York

«Demasiadas veces, la iglesia considera que los cristianos solteros son personas que necesitan alguna modificación, o que les arreglen una cita con alguien. Allberry proporciona guía pastoral para corregir esto y ayudar a la iglesia a vivir como la familia de Dios».
Rosaria Butterfield
Exprofesora de literatura,
Universidad de Syracuse; autora,
The Gospel Comes with a House Key

Sam Allberry es pastor, orador y escritor en Ravi Zacharias International Ministries, así como un editor para Coalición por el Evangelio.

Ha escrito varios libros, entre los cuales se encuentran: *Is God Anti-Gay?* [¿Acaso Dios es antigay?]; *James For You* [Santiago para ti]; y *Why Bother with Church?* [¿Para qué molestarse con la iglesia?]